Revive
How to Transform Traditional Businesses into Digital Leaders

商业新模式
企业数字化转型之路

贾森·艾博年（Jason Albanese）
布莱恩·曼宁（Brian Manning） 著
邵 真 译

中国人民大学出版社
·北京·

译者序

在云计算、物联网、人工智能和虚拟现实技术的快速发展下，全球迎来了数字化的时代。在数字化的背景下，传统企业应该如何向数字化领军企业转型，以更好地面对外部客户需求的变化，提升企业的竞争优势，是本书关注的主要问题。

本书是由美国数字化变革的领军企业 Centric Digital 的首席执行官贾森·艾博年（Jason Albanese）和首席数字官布莱恩·曼宁（Brian Manning）合作撰写完成的。两位作者结合自己在医疗、金融、零售和工业等领域进行数字化变革的经验，对传统企业进行数字化变革的必要性、数字化变革的类型和数字化变革的实施方案等进行了深入分析，主要包含以下 9 个章节的内容：

第 1 章介绍了数字化的本质，阐述了数字化变革与工业变革的相似之处，以及数字化变革对传统企业的改变。

第2章介绍了反应型数字化与变革型数字化二者的定义和区别，介绍了优步和Warby Parker等颠覆传统行业的数字化领军企业的案例，并介绍了巴宝莉、耐克和UPS等传统企业进行数字化变革的案例。

第3章分析了为什么传统企业在数字化中失败，归纳总结了企业数字化失败的商业原因、市场原因、组织原因、运营原因和技术原因。

第4章分析了如何在数字化趋势中打开商业机会，阐述了企业应该如何监控数字化的发展趋势并识别关键的驱动因素。

第5章衡量了企业的数字化能力和成熟度，定义了企业数字化能力的层次并给出了数字化能力的度量方法。

第6章关注企业的数字化战略，介绍了如何为企业的数字化客户建立档案，建立企业客户体验的旅程地图，并建立快速原型将企业的数字化战略转化为现实。

第7章介绍了企业数字化转型的路线图，介绍了数字化路线图的目标及其构成，并给出了数字化路线图制定的具体步骤。

第8章分析了驱动数字化转型的组织能力，阐述了企业应该如何选择正确的数字化组织模式，建立卓越数字化中心、数字化人才库和文化，以及如何在公司范围内实施数字化治理过程。

第9章分析了为什么敏捷转型是企业实现数字化转型的关键，介绍了敏捷方法相对传统方法论的优势、敏捷方法的常用概念，以及敏捷方法的具体实施步骤。

在本书的结尾,作者还介绍了工业物联网、大数据可视化、虚拟医疗、无人驾驶等数字化技术加速推进企业数字化变革的实例。

本书由邵真组织翻译并负责全文的统稿工作。在翻译的过程中,得到了其他老师的支持和帮助,其中刘鲁宁老师参与翻译了第3、4章,吴天石老师参与翻译了第5、6章,夏昊老师参与翻译了第7、8章。此外,博士生陈琦、硕士生尹昊和葛超逸也参与到翻译的过程中。在此向各位老师和学生表示感谢!本书得到了教育部人文社会科学项目(批准号:7YJC630118)的支持。

由于时间和水平有限,本书在翻译的过程中存在一定的不当和疏漏之处,恳请读者批评指正。

邵　真

前　言

许多思想领袖提出了关于数字化如何影响商业、经济和社会的主要理论与观点。这些都是有价值的，本书不仅将提出这些，还会提出更多。它会告诉你"如何"改造或建立一个核心的商业模式，为数字时代做好准备。这不是一本关于追求最新技术的书，而是一本关于战略、商业模式和数字化转型艺术与科学的书。我们的目标是帮助你被游戏改变之前改变游戏，同时为你提供初始的思维过程和指导，让你了解如何才能做到数字化转型。

数字化是关于即刻传播消息，并且做出改变。奇怪的是，数字化转型本身可能需要多年时间，特别是大型公司。因为不仅仅是商业模式需要改变，人、技术平台和业务流程也不得不改变。构思一个新的能够打破行业常规的商业模式并通过技术实现它只是挑战的一部分。相对更难的是如何创建新技术和商业模式所需要的团队、流程和变化。我们会告诉你如何实现。

如今，公司最常问的一个问题是如何推动变革，使公司能够被关注、在行业取得领先，并成为其他公司效仿学习的对象。你的公司在探讨并着手进行重大的转型吗？你是否担心变革的想法或风险会影响目前的公司文化？如今，保守和谨慎的思想可能会扼杀掉企业长远的机会。如果你今年除了数字化转型之外不再考虑其他的事情，那么请阅读这本书。至少，它能够帮助你认识到数字化颠覆将对你的业务构成的威胁，正如表0-1中所展示的例子那样。

表0-1　　　　　　　　　　数字化颠覆

20世纪90年代	21世纪初	现今
购物中心	亚马逊	亚马逊和（每家商店）的网站
Tower Records，收音机	iTunes, Sirius XM	Spotify, Pandora
百视达（Blockbuster）	按需点播	网飞公司（Nextfix）
巴诺书店	网上购书当日发货	电子阅读器
台式机	笔记本电脑	平板电脑
移动电话	黑莓手机	智能手机（iPhone/Andrord）
电子机票	可打印机票	移动登机牌
银行分支机构	自助存取款机	移动支票存款
汽车租赁	—	共享租车（Zipcar）
超市	—	网络超市，Blue Apron
房地产经纪人	克雷格名单（Cragilist）	Zillow

续前表

20世纪90年代	21世纪初	现今
电话叫车	—	优步（Uber）
分时度假	—	AirBnB
柯达胶卷	电子照片	Instagram，脸书
招聘专员	热门工作网（HotJobs）	领英
文件柜	便携式驱动器	谷歌云端硬盘，Box网盘
查格调查（Zagats），订购、配送	餐馆目录服务商（Menupages）	网上点评（Yelp），网上点餐（Open table），餐饮配送商（Seamless）
旅行社	旅游城（Travelocity）	旅行顾问网（TripAdvisor）

客户正掌握着变革的方向，因为他们知道自己想要什么，或者他们已经通过在互联网上的搜索知道了自己想要什么，之后他们会选择那些能够根据需求创造良好的用户体验的公司。这就是为什么互联网新贵能够筹集数十亿美元的资金创造出拥有最高估值的民营科技企业。

什么驱使它们成功？客户。因为传统的商业模式无效、昂贵且客户体验差，当新的互联网创业公司出现后顾客纷纷涌向它们。这些创业公司的成功并不是来自于应用程序，而是它们通过数字化而创建的独特的商业模式。

你不必是一个分析师、统计学家、IT极客、技术专家，或是主动转型的社会化媒体大师。但是，你必须了解转型的三个关键驱动力：

1. 技术变化
2. 竞争
3. 通过技术来应对不断变化的客户需求，使他们的生活更美好

大多数企业并没有利用数字化的力量进行快速反应，但这股力量对于企业保持竞争力是不可或缺的。2011年11月由麻省理工学院数字商务中心（MIT Center for Digital Business）和凯捷咨询公司（Capgemini Consulting）进行的一项为期三年的研究结论表明，全球范围内，只有1/3的企业完成了一个有效的数字化改造项目。2014年，Altimeter Group咨询公司进行了一项调查，参与者事先阅读了数字化变革的定义。随后，询问他们的公司是否正经历正式的数字化变革。虽然88%的高管和数字化战略专家表示他们正在进行数字化变革，但其中只有25%的人能够描述出公司的客户数字化旅程，即使是在阅读数字化变革的定义后。

数字化变革不仅仅是关于数据、数字、研究、调查和技术。为了更好地理解它，我们需要密切关注数字化变革背后的故事，并了解因为进行数字化变革而受到正负面影响的公司。具有数字化前瞻性的公司通过创造更好的客户体验来获取竞争优势，其他公司因为没有主动进行数字化变革而受到挑战。我们在本书中将指导你如何创造、开发和有效管理自己的数字化变革，让你最终在所有的数字化方案中选择最有利的。

本书将探讨和说明企业如何改变、参与并颠覆目前的数字化生态系统。一个生态系统即一个给定的区域中所有个体之间的相互作

用以及和周边环境的相互作用。

许多公司可能引入"新的网站设计"或"将社交媒体融入网站中",并考虑"数字化转型"。"我们需要重新设计我们的网站,我们需要建立一个移动应用程序",诸如此类的声明并不是战略,而是实现数字化业务战略的具体实施方案。这些方案或是转型最终的结果,或可以强化结果,但它们并不是转型本身。

本书的基本思想是,数字化转型是未来商业模式最为核心的部分,是你的业务和商业战略的基础。数字化变革在董事会议程中占有重要的地位,并需要自负盈亏。总之,数字化变革是本书的主线并贯穿了所有章节。

尽管已有成千上万家不同规模的企业成功转型的例子,但几乎每一家公司在面临转型的过程中都会经历一些内部阻力。

并非营销、品牌管理或商业方面的专家,才能及时发现公司的产品已经不能满足客户的期望、需求或期望。例如,柯达公司的管理层并没有预见到数码摄影在未来几十年的发展。即使公众已经看到了数码技术的发展趋势,柯达的管理层仍然视而不见。2007 年年底,在柯达公司宣布破产的前几年,柯达官方的营销视频告诉消费者,"柯达回来了",它们不会再与数字化打交道。即使研究显示数字化会赶超柯达的现有市场份额,研究人员仍得出结论证实"数字化至少需要 10 年"才到做到。

不是每个人都从柯达的教训中收获良多。许多公司仍然像柯达抵制数码相机那样抵制数字化转型。事实上,即使是历史悠久的公司也可以成功地进行数字化转型，如果他们愿意克服内部的阻力。

如果你和你的组织已经准备好转型，你应该采取什么样的措施？第一，解决企业内部的阻力。不要把数字化和业务分离，也不要把数字化仅当作业务的渠道而非核心。尝试着将数字化的思维融入公司的业务，使它成为公司文化、战略和商业模式的一部分，使它成为公司业务的主要接触点。把数字化转型放在公司业务战略的核心位置。

在历史悠久和相对传统的公司中，数字化往往是一个单独的共享服务单元。这通常是数字化成熟度较低的公司的正确结构。最终，数字化将成为所有业务的一部分，类似于亚马逊或谷歌，将数字化融于组织内，而没有独立的数字化团队。企业将不会有"数字化团队"，因为数字化已经融入了所有的业务。

第二，确定贵公司的专业知识、人才和独特性。数字化转型并不是简单地实施"最佳实践"或是复制那些已经存在的数字化公司的模式。它需要你了解自身的数字化基因。

第三，建立一个数字化变革的视野。当比尔·盖茨开始成立微软的时候，他设立了一个远景规划。他设想，未来在每个家庭的每一个办公桌上都会有一台电脑，而当时大多数人还不知道电脑是何物。利用数字化建立未来业务的远景，数字化是每个业务的核心，它通过更好的完整性和更多的透明度使业务更有效地运转。数字化能够更好地服务于社区、社会以及环境。

第四，获得乐趣。数字化转型不应该是一件巨大、沉重的变革活动，而是能够让员工感到有趣并兴奋地参与其中。它应该是一个具有挑战性、有趣的、改变游戏规则的活动，它设定了团队的目标。

第五，创建独特的客户体验，借此在市场竞争中获得优势。耐克、迪士尼、Casper 和 Warby Parker 公司都已经做到了。

本书将说明各种规模的企业是如何转型并如何在它们的行业中成为数字化领导者的。我们希望你不再谈论数字化与业务的分离。相反，数字化应被视为客户和员工日常联系的主要接触点，事实上出于多方面的原因他们已然这样做了。数字化应该成为公司无缝的组成部分。

目录
CONTENTS

第 1 章 数字化的本质 1

工业革命的共同点 1

数字化如何改变企业 4

第 2 章 反应型数字化和变革型数字化的区别 10

反应型数字化的定义 10

变革型数字化的定义 14

变革型企业的特点 16

正在颠覆传统的企业 18

正在变革的传统企业 22

第 3 章 为什么传统企业在数字化中失败 29

企业数字化失败的商业原因 33

企业数字化失败的市场原因 36

企业数字化失败的组织原因　39

企业数字化失败的运营原因　42

企业数字化失败的技术原因　43

第4章　在数字化趋势中打开商业机会　45

监控数字化趋势的原因　45

理解数字化趋势的驱动因素　48

监控数字化趋势　58

操作步骤　61

第5章　衡量企业的数字化能力与成熟度　62

数字化能力的层次　62

衡量企业的数字化能力　80

操作步骤　85

第6章　设想企业的数字化战略　87

为企业的数字化客户建立档案　88

建立企业客户体验的旅程地图　93

定义企业数字化战略　98

建立快速原型　101

通过分析驱动企业战略　105

操作步骤　108

第7章　设定数字化转型的路线图　110

数字化路线图的目标　110

数字化路线图的构成　114

数字化路线图的观点　117

操作步骤　119

第8章　驱动数字化转型的组织能力　121

选择正确的数字化组织模式　123

建立卓越数字化中心　127

任命首席数字官　129

定义标准数字化团队角色　132

建立数字化人才库和文化　134

在公司范围内实施数字化治理过程　144

操作步骤　148

第9章　敏捷转型是实现数字化转型的关键　149

敏捷方法论相对传统方法论的优势　150

利用常见的敏捷概念　155

利用敏捷工具　158

操作步骤　159

后记　数字化趋势加速推进数字化变革的实例　160

工业物联网　162

大数据可视化　164

通用流媒体　165

虚拟医疗　166

非银行机构　168

无人驾驶与互联交通　170

无人机　171

虚拟现实　172

生物识别　173

无纸化和电子现金　174

Wi-Fi 和无线充电　176

机器人化　178

第 1 章/*Chapter One*
数字化的本质

　　与术语"云"和"大数据"类似,"数字化"一词经常被误解,这一术语包含的范围似乎是无限的。它会影响企业策略、用户体验、营销渠道、技术平台、产品开发、人力资源、交流、客户服务和运营等。

　　简言之,任何用信息连接人与人、机器与机器或人与机器的技术都是数字化的。这意味着数字化已成为每个部门、每个业务必不可少的一部分。当你定义数字化的时候,它是一个广泛的商业概念,而不仅仅是一个新兴的技术概念。数字化影响企业业务的方方面面,包括销售、市场营销、客户服务、运营、财务、供应链、人力资源等。

工业革命的共同点

　　从未来回望今天的话,数字化这场工业革命现在仍然处于规模变化的早期阶段，如今新兴技术、新的商业模式和新时代的过程，大大改善了商业、环境和社会。我们相信数字化类似于早期的工业革命，当它成熟时可能对企业、环境和社会产生同一个数量级的影响。在对数字化进行定义之前，探索工业革命并将其与如今的数字化发展进行比较可能是有所裨益的。

历史正在重演，数字革命对世界的贡献类似于工业革命时期自动化机器所做的事情。工业革命和数字革命的相同点是，当技术改变时，人类并不会改变。动态变化的环境在推动工业革命的同时也带来了数字革命。

大多数人对工业革命的了解是，它创造了更多、更快、更经济的产品。听起来熟悉吗？正如我们前面提到的，数字化是关于即时性和满足人们一直以来的需求的——"更快、更好、更便宜"。即使在18世纪人们也想要让事物更快、更好、更便宜。

18世纪的工业革命与今天的数字革命何其相似，因为它几乎影响了人们生活的每一个阶段，创造了更高的生活标准，并带来了更低的生产成本。它影响了社会和经济的变化。最重要的是，它迫使人们思考用不同的方式与世界接触。在工业革命之前，生活是艰难的，人们忙于维持一周7天、一天24小时的生计。推动工业革命的一个最基本的用户需求是人们的穿衣需求。

在工业革命之前，普通大众只能拥有一小部分他们想要的衣物。布料是真正的奢侈品，因为棉花或羊毛必须用手梳理，接着用手摇车纺，然后放上织机手工编织，最后手工缝制成衣物。整个过程非常耗费劳动力。

直到工业革命,一系列有关纺线和织布的创新被发明出来。这些新技术只需更少的人力,使衣物生产更容易、更快、更便宜。也许那个时代最伟大的创新是 1764 年珍妮机的发明。珍妮机可以同时生产多个线轴,因为有了更多的线,工人能够同时纺更多的纱,纺线编织的过程变得更容易、更迅速,这给了他们时间来缝纫。在现代术语中,我们会称之为"改善用户体验"。

仅仅 10 年后,也就是珍妮机的发明者詹姆斯·哈格里夫斯离开人世时,英国各地已经有超过 20 000 台珍妮机投入使用。从此之后,其他发明家进一步改进了哈格里夫斯设计的珍妮机,生产更大、更快、更便宜的模型来制作纺纱机。大约在同一时间,有人发明了能够进行机械化织布的动力织布机。

与此同时,有人发明了蒸汽机和铸铁工艺,其次就是电报、证券交易和铁路系统的发明。所有这些美妙的创新,最终促成的不仅是纺织行业的变革,还有工业革命的开始。每个发明者都是为了解决他们在特定行业中遇到的问题,但是,一位英国人——理查德·阿克赖特爵士看到了重点,并用他所看到的来改造世界。今天,我们称他为"工业革命之父"。这是为什么?

阿克赖特综合了新技术、电力、机械、半熟练劳动力和新原料(棉花)批量纺纱。事实上,阿克赖特结合新技术和已有技术投入生产并建立了第一个工厂是他被称为工业革命之父的原因。这是一个简单但非常重要并值得记录的事实,发现技术,结合并实现不同技术工艺的能力最终推动了变革。

就像工业革命的发明,数字技术让企业能够改变自己,用比以前更好的方式做事。数字化带来的数字技术和新的商业创造性思维的组合使我们能够创造更快、更便宜、更好的服务和产品。企业现在可以在自己的行业内复制阿克赖特的模式,利用新兴技术来创造一个更好的公司。通过创建自己的全行业革命,它们为静态的经济生态系统带来了创新。

正如珍妮机没有在18世纪初出现,互联网也没有在20世纪50年代出现。有人发明了珍妮机,然后是机械织机和铸铁工艺,还有运输系统、货运系统等。几百年后,有人发明了互联网、无线射频识别芯片,然后是智能手机和社交媒体。技术不断变化,但人类一直未变。

人类总是想找到一种更好、更快、更经济的方式来做事情。250年前是工业革命的开始,而从今天开始的250年之后,终将证明现在是数字革命的早期阶段。

数字化如何改变企业

数字化是企业的核心

当今的数字化能够提供即时性的信息。这是关于倾听你的市场要求和需求,然后建立商业模式,以及快速应对这些要求和需求的策略。你的市场现在需要反馈。一些人从逻辑上推断出的"有意义"的事物并不能够反映他人内心真实的想法。变革需要主动响应而非被动反应。所有的市场都在通过消费者驱动的需求不断变化。创新往往开始于消费者感兴趣的领域，而不是来自企业内部的焦点小组。

数字化打破商业孤岛

数字化不是孤岛。它超越了典型的商业模式及收益和损失，也超越了传统的渠道组合。数字化变革影响了已有的经验、技术和人。它可能包括也可能超越了通常的商业模式和单元。这就是为什么数字化变革是如此复杂，企业很难掌握。

人们日常的工作和生活都离不开数字化。人们问："什么是数字化?"他们之所以不知道，是因为这个词是如此宽泛、通用，几乎包含了所有的事物。可能一些人指的是营销渠道和数字化商业战略，一些人指的是网站的设计。数字化包含但不限于以上所有的事物。即使很多人误以为它是一个更快的记录保存或追踪系统（二维），但这并不是物联网（IOT）或者数字化的含义。数字化不止于此。

理查德·阿克赖特爵士在18世纪看到的也就是今天的数字化转型者们所看到的——第三和第四维的科技潜力。对公司进行数字化变革的能力不仅仅是收集大数据，还需要解释大数据，了解大数据告诉了我们什么，并寻找新的方法来帮助最终用户与公司、产品和服务进行互动，参与到公司的产品和服务的设计过程中。

数字化给客户话语权

如今的商业与过去有很大的不同。你必须尽快发布产品，否则就会迅速失去客户。例如，如果你在测试一个新的游戏，却总是推迟发布，就会引发客户的负面反应，除非你能够快速并主动地应对他们的抱怨。

如今用户掌握了主动权，因为他们可以通过对所有人都公开可见的数字化渠道谈论你的品牌，用户的口碑甚至比品牌的营销部门更具传播效果。用户能够自己决定他们想要追随哪些人、购买什么产品、尝试怎样的体验。如果你不理解用户的痛点，不知道如何为用户创造他们真正想要的、能够满足他们期望的产品和服务体验，他们会转向其他企业。数字化时代之前，一个大公司很容易压制来自营销方面的负面意见，因为当时没有供消费者发表意见的网上论坛或社交网络，消费者也很难聚在一起谈论自己的真实想法。对于企业来说一个坏的客户体验不是大问题，除非这个客户得到了媒体的关注。

在当时，客户的抱怨很快就随着时间消失了。而互联网使得客户的抱怨和问题被永久地保存下来，你回复的信件和采取或不采取的行动也都被记录下来。

在颠覆性变革的时代，传统的指标如质量、耐用性和持久性被质疑或是彻底抛弃，而速度、低成本、效率以及即时性等价值观成为挑战者抛出的标准。

新的创新型公司最初以一个不起眼的方式进入竞争，传统企业可能不会将它们视作威胁，因为它们没有品牌知名度。通过比较新公司的产品和自己已有的产品，传统的企业可能会感到安全并低估新公司的潜力。然而，新公司很快便扩大了最初的商业模式，并利用技术平台结合其他新兴技术，迅速对传统企业构成严重威胁。

我们看到许多传统公司虽然成功，却错误地重视客户并不特别关心的事情，而没有专注于客户真正想要的东西。当一个公司的价值观和客户的价值观之间的差距越来越大时，新进入者与传统企业的竞争就产生了。这就是为什么数字化企业的领导者能够更好地掌握客户的需求。这不是坏事。

数字化引发大爆炸式的颠覆

之所以将其称为"大爆炸式的颠覆"，是因为你从来没有预见到这一变化会在你的行业里出现。还记得理查德·阿克赖特爵士结合来自不同行业的不同技术发起了全面的革命吗？即使是一个从未跟你竞争的企业，也可能成为你最大的威胁之一。

还记得几乎垄断市场的独立 GPS 系统吗？如佳明、麦哲伦和 TomTom。它们认为自己是市场上的主导力量，只是彼此之间相互竞争。而这一切都被智能手机改变了，每一部智能手机都附带了 GPS 功能和类似谷歌地图的免费地图应用程序。一篇发表于《哈佛商业评论》的文章提到，来自埃森哲卓越绩效研究院（Accenture Institute for High Prefomance）的顾问拉里·唐斯和保罗·F. 纽恩斯提到："如今整个产品线、整个市场都可能在一夜之间被创造或毁灭。颠覆者随时可能出现，他们无处不在。颠覆者一旦出现，传统的企业是很难对抗的。"

数字技术使竞争环境变得公平并且加速了大规模创新的步伐。为《华尔街日报》撰稿的戈登·克罗维茨同意这一观点。克罗维茨说："强大的新技术，如云计算和大数据，让创业者能够开发出更好、更经济、更个性化的产品和服务，这不是颠覆性的创新，这是破坏性的创新。"

几乎没有行业能够免于颠覆的破坏。你的企业要生存，就必须接受这个现实。二十年前，谁能预料到像移动电话这样简单的东西会颠覆家庭固定电话、弹球和街机游戏、GPS设备、照相机和摄像机、手电筒、旅游代理、餐馆指南和报纸？

客户的需求也迫使监管严格的行业产生变化，如药品、交通运输和能源。我们已经看到了教育、医学和法律等服务领域的变化。

创新不仅改变了人们做生意的方式，而且改变了人们做生意的规则。而这一改变将持续发生，当我们在学习新规则的时候，它们又发生了改变。1995年，约瑟夫·L.鲍尔和克莱顿·M.克里斯滕森在《哈佛商业评论》上发表了题为《颠覆性技术：逐浪之道》（Disruptive Technologies：Catching the Wave）的文章，文章告诉人们，如何在颠覆者削弱或毁灭掉公司的业务之前发现它们。

鲍尔和克里斯滕森告诉企业，"要监视那些在早期的时候向低端客户提供廉价替代品的新进入者，这些企业会逐渐转向高端市场来吸引高端客户"。当颠覆者真的出现，企业应该迅速采取行动，要么尽快收购它们，要么在企业内部应用类似的技术和商业模式。

第 2 章/Chapter Two
反应型数字化和变革型数字化的区别

数字化变革重塑了企业的商业模式、顾客或用户体验和运营流程,将顾客与你的品牌、商品和服务紧密关联起来。同时,新兴科技的产生创造了顾客与企业之间更加深入的关系。因此,创造可持续变革的数字化能力需要建立以顾客为中心的组织文化。这并不是一个简单的过程,却是在当今经济环境下唯一的生存之道。

反应型数字化的定义

典型的数字化反应企业是基于 IT 技术来构建传统战略,或者复制和创造一种数字化战略以应对竞争对手数字化的成功。表 2-1 列出了反应型数字化与变革型数字化的几点主要区别。

表 2-1　　　　　　　反应型数字化与变革型数字化的区别

反应型	变革型
将数字化作为渠道	将数字化作为商业的核心
以商业单元为中心	以顾客为中心
多元化渠道	全渠道
一对多	个性化
丰富的体验	整合的生态系统
电子数据表	即时的可视化数据
人工流程	自动化
IT 部门	云技术为中心
线性和大爆炸	敏捷和迭代式

例如，传统银行业中的大部分企业即为反应型数字化的。这种情况很令人惊讶，因为银行业拥有领先的科技创新技术，如电子转账系统、ATM 等。一个合理的解释是，那些独有的创新以产品库服务为中心，每个技术都有自己独立的核心技术和框架，甚至是市场模型——这属于典型的反应型数字化企业。银行业引领的数字化变革需要在产品库和向顾客展现的"一面"之间进行更好的整合。然而，实际上，当一家大型银行中大部分的顾客被迫接受每种产品不同的数字化体验，感觉不同银行分支机构的数字化渠道并不能很好地衔接时，他们会觉得很糟糕。

对银行创建全渠道体验的用户需求已经产生，尤其是针对抵押产品，这是一种传统银行分支驱动数字化变革的模式。然而，只有很少的传统银行在这个方面有实质性进展。用户习惯性利用网络来搜索贷款和信用卡的利率。用户需要银行满足他们的需求，然而很多传统银行不屑这么做，这种态度使其面临来自其他新型商业模式如快速贷款公司的挑战，后者更具前瞻性，更加数字化，并能够以顾客为中心。

社交媒体为用户提供了多种数字化、以顾客为中心的金融服务。在这种条件下，平均每分钟银行顾客可以与150~200个朋友分享他们在非银行机构的成功体验或是在传统银行中的糟糕体验。拥有过时的数字化能力和较差的服务质量的银行是无法生存的。根据银行的报告，42%的银行顾客反映说希望拥有"更加出色和个性化的服务"。来自埃森哲咨询公司的统计调查显示，如果银行没有为顾客提供想要的服务，它们会失去自己的顾客。

用户有时候会因为更好的产品和服务而选择另一种金融服务提供商——非银行机构。实际上，埃森哲的统计调查显示，大多数用户会使用其他机构的汽车贷款（70%）、经纪账户（61%）、注册退休金账户（53%）、理财咨询服务（52%）和住房抵押贷款（52%）。

并不是银行没有意识到顾客的需求或接触点。它们掌握了相关的数据，但是并不知道如何去利用数据，对数据反应迟缓，或是根本忽略了这些数据。

反应型数字化的失败案例

电路城公司（Circuit City）曾经是全美最大的电子产品零售商之一，在20世纪80年代拥有700多家店铺和120亿美元的收入，但在2009年破产。为什么？主要原因在于它反应太慢。创始者艾伦·维特塞尔对《华尔街日报》的记者说，企业在2000年还在执行

第 2 章 反应型数字化和变革型数字化的区别

20 世纪 80 年代的商业战略。如果早些醒悟，企业可能就不会破产。由于维特塞尔不再相信电路城的未来，他在 2000 年就辞职并卖掉了公司的股份。

维特塞尔说，企业的管理层最终制定了一个计划，却并不能很好地实施计划，原因和许多其他企业一样——数字化变革的投资会推动电路城商业前进，同时也会冲击企业的股价。

另一个典型的反应型数字化案例是百视达视频公司的 DVD 租赁业务与网飞公司的串流媒体之间的战争。百视达领导着市场，直到新上任的 CEO 否决了数字化战略和商业模式而采用了传统的方法。而此时，网飞成立并最终打败了百视达。百视达试图恢复生机——实施反应型数字化战略——但为时已晚。2013 年，百视达最后一个店铺关闭，而网飞成为行业的领导者，避开了来自 Redbox 和其他新进入者的数字化威胁。

没有在内部实现数字化的企业很难实现企业外部的数字化，从而导致反应型文化而不是变革型文化。此外，具有数字化理解力的员工往往不能很好地利用这些技能组合。因此，这些员工并不会在企业内部很好地运用他们的数字化智能，最终，这些企业会变成反应型而不是前瞻型企业。只有当它们看见竞争对手利用数字化战略取得成功的时候，它们才会运用数字化战略。但是这些企业并没有创建合适的组织结构、战略和流程来保证数字化转型的成功。

企业往往担心实施变革型数字化战略会投入过多的成本，却忽略了在发现问题时才采取反应型数字化战略会投入更多的成本。

变革型数字化的定义

数字化变革不仅仅是使用一个代理机构去重新设计公司网页或开发一个新的手机应用程序。数字化变革不仅仅是安排委员会、专业团队或特定员工来"监控技术的趋势",它不仅仅局限于社交网络。

数字化变革是指企业改变它们的商业模式、用户体验和运营流程,以适应数字化时代下的用户搜寻、购买,以及用户与商品和服务互动的方式。

研究显示,大部分的企业认为它们处于数字化变革中,而实际上只有1/4的企业真正进行了数字化变革。近期报道指出只有不到25%的企业了解什么是数字化接触点和数字化变革,而有88%的企业自信地认为它们正处于数字化变革中。

总之,大部分处于数字化变革中的企业并不知道什么是真正的数字化变革,很多企业都误认为重新设计网站就是数字化变革。

重新设计和变革之间的区别犹如装修一间老房子。你会刷新、重新设计、修复还是重新改造它?重新设计一间房间和修复之间的主要区别在于是雇用一位设计师还是一位建筑设计师或工程师。

网飞公司成功地将云计算、手机应用程序、串流媒体以及其他数字化能力聚合在一起,并在多个项目小组中实现产品的快速发展。若依赖传统的过程和架构,这个过程就很难实现。

第 2 章　反应型数字化和变革型数字化的区别

数字化变革的核心基于一个不变的事实：如果你所专注的并不是用户真正的问题或需求，无论你做了什么、用了什么技术，都是无关紧要的。如果你处理的问题并不是用户的问题，那么再多的动画、再优秀的文案或技术都不会让用户跟随你太久。这个过程需要变革型数字化而不是反应型数字化。

其实，数字化变革连接了你的用户、顾客或委托人，并将其融入企业。这不仅仅是拥有手机应用程序、新的网站、智能手机或是电脑那么简单。技术能使你创造这些连接和自动化操作流程，但是技术本身并不是数字化变革的核心。技术只是一种工具，能够将企业的产品和模式传递给用户。

一个真正的变革型数字化模式改变了企业实现自主用户连接的方式。同时，你的商业模式取决于你的产品或服务。机会往往在于你如何识别这些商业模式，例如"需求"商业模式，如亚马逊的 Prime Now 或 InstaCart 公司，这些需求模式的收入来自于那些想要立即获得商品或有紧急需求的人。在这种情况下，人们往往愿意出高价给他们急于想要的产品或服务。他们的时间比金钱宝贵。

用户往往喜欢与更便宜、更快、更好，并且体验更优质的企业接触。他们想要基于智能手机、电脑、平板电脑或掌上服务的快速的用户体验。无论是食物、音乐、书、床垫、眼镜或衣服，用户都想要简单、无障碍的订购过程。数字化变革就是重新构思并重新创造用户体验的过程。

变革型数字化将云技术融入商业模式，利用大数据做决策，以移动为中心，并运用社交媒体。这属于商业模式重塑过程，对很多企业来说都是一个巨大的挑战。

学术研究表明，数字化成熟的企业远远优于非数字化的竞争对手。《福布斯》杂志和麻省理工学院数字化模式研究中心调查了全球400多家大型主流企业。它们发现，数字化领导者比非数字化企业有更大的优势。分析表明，数字化企业盈利能力比行业平均水平高出26%，市场价值高出12%。同时，数字化企业利用现有的资源多获取了9%的收入，并且效率更高。实施数字化变革并不意味着是否跟得上时代的前沿——它代表着更盈利，更有价值的商业模式。

数字化变革是一个迭代的过程，每一个过程的收尾代表着另一个过程的开始。

变革型企业的特点

什么使得一个企业在变革过程中有真正的突破口？成功企业的经验告诉我们，变革型的企业往往具备一些突出的特点，这些特点使得企业在发展的过程中能够不断创新。

首先，变革型企业经常有长期和短期的计划，并基于大小数据进行决策。它们从来不无视这些数据，而是根据环境仔细分析搜集的数据。它们逐个地观察这些数据，以更好地理解数字背后的意义。如果不和实际环境相关联，数据通常是没有意义的。例如，数据会告诉你买雨具的大部分用户来自华盛顿州，但是环境告诉你，华盛顿不仅仅下雨频繁，而且当地很多人喜欢跑步、骑车、登山、钓鱼和皮划艇运动。你了解的环境信息越多，就越懂你的客户。

大部分企业想把客户放在第一位，但实际上它们往往更关注产品、服务和利润。变革型的企业关注客户，并考虑如何更好地为他们服务。当一个企业关注客户的时候，它会认真聆听顾客的心声。它们懂得服务好客户意味着长期的承诺。同时，它们知道特定环境下的客户行为会产生有价值的数据。知道客户在特定环境下的行为能够为深远的数字化变革奠定基础。

变革型企业是由那些探索、研究趋势并进行实践分析的人所领导的———一种可以根据数据来预测未来的商业模式。通过精确地预测未来趋势，如用户从台式环境转为移动环境（如智能手机和平板电脑）的行为，企业可以在其发生之前判断客户的需求。

实际来说，变革型企业经常投资创新并鼓励创新，即使是在最艰难的时候。它们认识到失败只是变革过程的一部分，它们鼓励失败，因为成功建立在失败的基础上。为了更有效的创新，它们与技术、市场员工紧密联系，通过分析趋势、环境和数据来判断市场机遇。

我们接触的变革型企业知道如何创建产品的原型。它们了解到产品原型并不是完美的，原型的开发是一个过程而不是结果。它们知道产品的原型是为了给企业、测试员和设计者提供一个思路和概念。这也使得企业在决定新产品和新服务的方向时，充分考虑客户和员工的想法与建议。

最后，成功的企业善于雇用和奖励杰出的领导者，避免独裁和专制。这就意味着企业鼓励员工冒风险并快速地做出决定，在行动的过程中无须经过委员会审批或其他烦琐的治理流程。这种领导方式是从上到下执行的，并且需要领导率先垂范。

正在颠覆传统的企业

案例分析：优步

传统的出租车生态系统存在大量延误并且运营成本较高，需要较高的壁垒和高额的费用才能成为一名出租车司机。城市和政府限制了授权司机的数量，导致出租车的稀缺和租车费用的提升。如果出租车或私有豪华轿车是城里唯一的出行方式，则进一步导致过高的价格和较差的服务。调度员的使用和出租车司机的整体文化层次也会导致高额的乘车成本。

优步（Uber）改变了这一切。它独到的商业模式变革了整个系统，并创造了一个移动手机应用程序。这种商业模式利用现有的技术引领了整个行业。优步绕过了调度员、高额的成本和外观难看的黄色汽车，它为司机跳开了传统出租车行业烦琐的手续、高成本和进入壁垒。所以如果你住在出租车公司服务范围之外的郊区，那里很有可能有优步司机。

优步推动了数字化的变革么？不，是用户对好的出租车服务的追求推动了这一变革。这正是本书想要传递给读者的一个重要信息：数字化变革并不遵循业务战略的变化，而是业务战略变革了企业现有的商业模式。

当反对者抗议 UberPop——法国当地的共乘汽车服务提供商，类似于美国的 UberX——不奏效的时候，法国警察逮捕了企业的两个高级管理人员，这两个人面临着实施"欺诈性的商业行为"、允许"不合法出租车服务"和"不正当存储个人数据"等指控。这些指控来自法国当局对优步的不公平、反竞争行为的控制。大规模的抗议蔓延整个法国和美国，当地出租车司机指责当局制定了一个规则给他们，而制定了另一个规则给优步。世界各地的政府都不知道应该如何应对。

历史表明，你可以通过立法来规范一个行业，但规范最终都不能阻止不可避免的创新。我们可以看出，工业革命时期，当英国试图通过立法来规范技术传播的合法性时，它最终失败了。当出租车司机想要通过规范来阻止优步的时候，正如很多企业一样，规范不能阻止用户需求。实际上，《大爆炸式创新》一书的作者拉里·唐斯和保罗·纽恩斯说过："规范者往往不能够证明经济、社会和政治合法性的界限。否则，由此带来的破坏会比原有的更加可怕。"

案例分析：Warby Parker

Warby Parker 公司的创始人并不是专业护目镜专家，他们只是学生，在一次登山活动中有人丢失了眼镜从而引发了他们的念头。

当那位学生打算换一副新的眼镜时，他发现太贵，因此眯眼度过了整个学期。他们由此发现眼镜产业已经被巨头垄断。

Warby Parker 公司的创始人提到，他们有两个目标：（1）为用户提供可以负担得起的平价眼镜，来取代标价过高的普通眼镜；（2）建立一个商业模式来解决问题而非创造问题。

Warby Parker 公司做的事情解决了每个人都会遇到的问题。当你戴上眼镜的时候，会像许多人一样思考，为什么一副眼镜要花去 400 美元或者更高的价格？如此高的价格是否合理？高价背后的原因是什么？

Warby Parker 公司很快发现，眼镜价格昂贵是因为供应链过于陈旧和复杂，许多人参与其中并从中获利。为了解决上述问题，他们开创了眼镜行业数字化的商业模式。

他们以较低的成本在国外设计、购买并生产高品质的眼镜。实际上，制造高品质的眼镜框是很便宜的。例如你会惊讶地发现，一副售价 300 美元的名牌太阳眼镜在中国实际的制造成本是 1.5 美元。而供应链几乎获取了所有的利润。所以，Warby Parker 设计自有品牌的眼镜，然后自己加工生产并直接销售给顾客。

颠覆性的商业模式是什么？数字化变革是从哪里开始的？它们利用数字化来处理业务，创造基于网页的软件帮助用户在虚拟环境中真实地感知眼镜。所以，Warby Parker 公司可以卖给你一副外观漂亮、做工精良、具有设计感，并且比一般的商店更加便宜的眼镜。过去购买一副眼镜需要花去 450 美元，而这个价格在 Warby Parker

公司可以买 4 副。你发现 Warby Parker 公司是如何颠覆传统的眼镜行业了吗？这就是数字化变革的核心。

案例分析：Casper

Casper 正在按照 Warby Parker 公司制造眼镜的方法制造床垫。你是否曾经质疑过为什么家里体面的床垫要花费 1 000 美元？即使你愿意并有能力花费这笔钱，在购买床垫的过程中你真的很开心吗？开发一个新的网站并不能解决问题，创建一种通过网站直接销售并运输产品的商业模式才是真正的解决途径。

像 Warby Parker 公司一样，Casper 也在寻求一种解决问题的方法。它们减少了门店的需求，直接在网上销售床垫。现在，它们提供一种零风险、试用 100 个晚上的床垫购买体验。不管你出于什么原因认为床垫不完美，公司都会派快递员上门取床垫并且百分之百退款。由于将床垫压缩成一个可以通过正常运输渠道运送的包裹，因此可以降低运输成本，简化运输线路，并且省去了门店。

以上案例值得人们思考："我应该向何处改变？"或者"为了这次变革我应该准备得更加充分，因为如果我认为在行业中我没有竞争对手，那么我是错误的。"事实上没有任何一个行业是安全的，变革正在进行中。

你是否可以实行如谷歌、亚马逊、苹果和其他企业的数字化变革模式？例如，想象如果大都会人寿保险公司像苹果公司变革电脑和配件的销售方式一样改变人们购买保险的方式，会发生什么？

正在变革的传统企业

如今一些著名的大型企业,例如耐克、迪士尼和巴宝莉已经开始数字化变革了。

案例分析:巴宝莉

"我生长在一个物质的世界,会说英语。我们的下一代生长在一个数字化的世界,他们会说社交语言。"

——安吉拉·阿伦茨,巴宝莉公司前CEO

巴宝莉,全世界最著名的风衣制造商,曾忘记了它们公司的标志性服饰。

当安吉拉·阿伦茨在2006年成为巴宝莉的CEO,她在企业战略会议上问的第一件事是"风衣外套在哪里",60多位管理者鸦雀无声,他们当中无一人穿着企业著名的风衣外套。同时,海外制造商和其他的商业实践活动都认为巴宝莉品牌已经失去了原有奢华的声誉。

在改变企业商业模式、决定实行数字化变革之前,阿伦茨花费了6个月的时间访问全球各地来分析品牌的损失程度。她利用信息技术为销售员创建视频,来更好地解释巴宝莉风衣外套昂贵(1 500美元以上)的原因。同时,她为销售员配备了iPad并安装了视听装备,让他们可以随时向顾客"讲述巴宝莉的故事"。

阿伦茨使用的信息技术并不仅仅局限于 iPad。她同时也创建了新的网站，并让企业重新思考整体的市场策略并将其数字化。她合并了所有地区的网站并对整合后的平台进行重新设计，用于展现品牌的每一面。新的网站成为企业市场和品牌的中心。目前，巴宝莉经典的风衣图标是顾客在进入网站时看到的第一个画面。巴宝莉于 2009 年创建了 theartofthetrench.com 网页，展示穿着巴宝莉风衣外套的名人和历史人物的照片，并鼓励顾客上传他们自己身穿巴宝莉风衣的照片。

巴宝莉最近开始在网上提供个性化的风衣外套，提供了 1 200 万种不同的搭配。尽管需要几年的时间对企业进行变革，但变革是有效的，企业成功地挽回了原有的品牌形象。如今，巴宝莉 60% 的业务是服饰，而风衣外套占据了一半以上的销量。截止到 2012 年年末，巴宝莉的收入和营业利润相比五年前翻了一番，分别上涨到 30 亿美元和 6 亿美元。

巴宝莉通过网站、店面和品牌向千禧一代的用户展示富有情感的品牌内容：音乐、电影、古董、故事。"每周访问我们平台的人比进入我们所有店面的人要多。"阿伦茨说。

从巴宝莉案例中可知：

（1）抓住你的核心产品，坚持你的愿景。过程中总会有批判者。一旦你了解你的核心产品，就规划你的愿景，设立目标，相信自己可以实现它们。

（2）分享、吸引、激励用户、员工甚至批判者，参与到产品的设计和开发之中。确保人们尽可能理解你的愿景，不要因为他们的不理解而影响了你的愿景。

（3）如果你丢失了企业的核心优势，就重拾它。不论是你或者是原有的负责人丢失了企业的核心优势，它都可以重新获得。关心竞争对手而不是自身优势的企业往往容易失去核心优势。

案例分析：迪士尼

"你做的最危险的事可能就是保持现状。"

——罗伯特·艾格，迪士尼CEO，CDO

在迪士尼，CEO也是首席变革官（CTO），在展现数字化和用户体验对迪士尼的重要性中起到了关键作用。迪士尼一开始就是一个变革者，它总是比世界大多数企业更多地关注用户体验。鲜为人知的是，迪士尼利用强大的信息技术，通过收集、分析并使用数据来提高用户体验，实现了现在的成功。

迪士尼最近在"MyMagic+"手环项目上投资了10亿美元。迪士尼表示，这种新式手环是"一种多渠道、多平台数字化体验方式"。手环、网站、移动应用等技术使得用户利用各种方式实现个性化的访问。手环同样也是顾客的停车入场券、房间钥匙、快捷票、乐拍通、购买食品和其他产品的凭证。用户可以提前设计白天的快速通道，并预订某个餐厅的座位。这种手环不仅使游客轻松地访问神奇王国，它还为迪士尼提供了更多的数据，以提高下次访问的用户体验。

迪士尼收集的数据也可以帮助它管理自己的员工。人工成本几乎占迪士尼成本的一半。通过对数据进行分析，迪士尼可以更好地掌握用户的需求，对员工进行合理调度，提升了每位用户和访问者的体验。

实际年龄在迪士尼是无关紧要的，但心理年龄十分关键。你会惊讶地发现，重要思想的领导者、许多成功企业的CEO和数字化变革的专家也是迪士尼的董事会成员，其中包括推特的联合创始人、Square的CEO及联合创始人杰克·多西，脸书的COO雪莉·桑德伯格，苹果的前CEO史蒂夫·乔布斯，星巴克的前CEO奥林·史密斯。

从迪士尼案例中可知：

（1）未来是数字化的，因此，你的员工、董事会成员和管理层不但要理解数字化，同时要拥抱数字化。如果他们不能，你需要雇用其他拥抱数字化的人。

（2）抓住趋势是重要的。这不仅需要你在它们成为主流之前认清模式和趋势，它同样需要丰富的灵感、创造力和创新力。

（3）当你的商业模式是基于体验的，投资它并重点关注数据分析以确保你的用户有最佳的体验。

案例分析：耐克

"我们在数字化的道路上已经走了很长时间了。我们是今天才认识到数字化是一件很有趣的事情。"

——斯蒂芬·奥兰德，耐克数字化运动部门副总裁耐克是运动鞋类、服装和配饰的全球创新领导者。20世纪90年代当数字化技术涌现的时候，耐克很快便开始关注。从让用户个性化地为在线运动鞋涂颜色，到创造志趣相投的游戏风格或极限运动者社区，耐克从数字化当中收获了巨大的利益。

当社交媒体、互联网等技术出现，耐克已经等待多时了。它对待数字化就像一个许久未见的家庭成员一样。因为它总是关注购买它产品的人们，它的唯一目标是"鼓励运动员，使他们变得更好"。耐克近期决定停止一种曾经最流行的技术——智能手环和耐克+锻炼应用程序，这能够进一步说明耐克所强调的"顾客参与"的理念。

智能手环是耐克关注用户需求而推出的一款戴在手腕上的运动追踪器。手环使得用户可以追踪自己的运动轨迹，包括每天行走的步数、每天消耗的卡路里。

智能手环中的数据被整合到耐克+锻炼应用程序。手环的佩戴者不仅仅能管理自己在跑步方面的进展和成就，还可以通过社交媒体与朋友分享数据，或与他人比赛来赢得分数和奖励。智能手环2012年发布的时候获得了巨大的成功，即使宾夕法尼亚大学的研究指出在所有的运动类可穿戴设备中它是最不准确的，耐克的粉丝仍然推动了这个产品的普及。如果耐克没有在2014年停止生产这款手环，耐克的用户可能会继续使用它。耐克公司停止生产手环的原因是什么呢？在已经饱和的运动类可穿戴设备市场中，几乎每一款产品都比智能手环更准确，因此耐克决定不再生产这种产品。

衡量、分析和融合用户体验始终是耐克数字化战略中最重要的一部分，但并不是以用户体验为代价。通过加深与用户之间的联系而不是制造更好的可穿戴设备，它既实现了个性化，也进一步诠释了"Just Do It"的理念。这就是为什么耐克能够抓住用户的内心，而不仅仅是他们的钱包。

从耐克的案例中可知：

（1）放弃颠覆性的产品，即使其他人仍然在追求它。当耐克决定舍弃智能手环这款产品，因为它意识到手环是软件和应用，不是它寻找的能创造与用户联系并让用户参与的实体产品。

（2）了解你真正的业务并坚持下去。当耐克手环在2012年发布的时候，市场上没有同类品。然而，仅短短3年，市场上就充满了此类产品。耐克观察到了市场，意识到较好的舒适的运动类可穿戴设备会更有竞争力，并始终坚持自己的原始目标——"鼓励运动员，使他们变得更好"。耐克了解到，可穿戴手环属于软件行业，而苹果属于硬件行业。因此，耐克与苹果公司合作制定合适的数字化决策。

（3）成功的数字化企业会坚持与用户的互动。它们不会受到新兴技术的影响，除非这些技术会帮助它们增加或保持与用户的互动。

（4）抓住用户的内心，而不是他们的钱包。永远记住是用户而非技术驱动了真正的数字化变革。

案例分析：UPS

有时候，变化会深入到其他领域，比如你训练的方法。例如，美国联合包裹快递公司（UPS）的司机每天运送平均100件快递，包括在天气恶劣的时候。不难想象，新的司机在工作的第一年经常会遭遇车轮打滑或翻车等情况。这种打滑或翻车导致的误时、工人赔偿和更换员工使得UPS每年损失数亿美元。像许多企业一样，UPS利用PPT展示和演讲来训练司机如何避免这种风险。当了解到这种方法没有作用的时候，UPS不再增加更多的课程和更多PPT演讲，而是彻底改变了培训司机的方法。

UPS得到了政府的拨款，并到弗吉尼亚理工学院的工业和信息工程系，与瑟曼·洛克哈特教授进行合作。在与教授合作期间，他们想出了一个变革式方案——通过触觉训练来模拟大脑的感知。他们开发了一种打滑—翻车模拟器，UPS的司机可以真实地体验车轮打滑或翻车等经历。司机受控于一种缓冲系统，以防止他们受到伤害，但是他们的大脑和身体体验了一种真实的感觉并学会如何补救，确保司机在各种类型的道路上安全驾驶。

模拟器非常有效果。经过模拟器上一系列成功的训练和要求，新型企业诞生了。一些弗吉尼亚理工学院的工程师校友开始从事生物动力学研究来制造这种模拟器。目前，UPS为它的司机制定了基于模拟器的30分钟亲身实践的模拟训练。

目前各种行业的很多企业，包括制造业、医疗，甚至执法机构和洛斯阿拉莫斯国家安全中心的全体员工均使用这种模拟器进行训练。UPS变革了它的训练方法，但产业生物动力学正在变革一个行业。

如果变革是有利的，为什么很多企业没有实施变革呢？第3章将解释真正的原因。

第3章/*Chapter Three*
为什么传统企业在数字化中失败

在数字化时代，每天都有因各种理由失败的公司，当它们突然意识到业务遭受重创，思考"发生了什么"的时候，竞争对手已经超过了它们。这可能是因为公司的领导者或数据团队没有监控身边发生的事情。有时他们偶然观察到了一些迹象，但却没有设置相应的流程来记录并分析这些迹象。这可能要归因于公司文化、IT部门、缺少应变能力或盲目跟随潮流。无论是哪种原因，它们最终都失败了。我们将在本章揭示最常见的原因，首先看一个案例。

Borders 和巴诺书店（Barnes & Noble）是最值得讨论的数字化失败的案例。亚马逊是书店之争战役的赢家，最开始它就不甘心只做一家书店。1999年，在美国书商协会的演讲中，亚马逊的创始人杰夫·贝佐斯谈道："我们没有将自己看成是一家书店或音像店。我们希望大家可以在这里买到想要的任何东西。"

贝佐斯创办亚马逊时创建了一个清单，这个清单中列出了20件他认为可能在网上销路不错的商品，包括软件、CD、图书、办公用品和服装。因为图书的库存数量可达百万种，书店里卖的图书都是同质的，所以图书成为他的首选，并且是最突出的产品选择。没有一家实体书店的图书库存可达百万种，但是"虚拟"书店可以做到。在图书之后，DVD和CD随之而来。1995年7月，亚马逊网站正式营业。截止到1996年9月份，这家公司拥有100名员工，销售额超过1 570万美元。

亚马逊的成功引起了巴诺书店的注意，它在自己的网站上反击，告知读者在它的网站上可以获取比亚马逊还多的图书。但在此时，亚马逊正在销售CD和DVD。亚马逊已经不只是一家书店，还在网站上添加了玩具、音像制品、电影、礼品、电子设备等更多的购买选择。图书业务使亚马逊成长起来，Kindle将其推上王位。

巴诺书店停止电子书销售业务后4年，Kindle上市。它不是市场上的第一款电子阅读设备，但却是最好的。为什么？为了让Kindle具有足够先进的阅读设备技术，解决前人遇到的问题，杰夫·贝佐斯足足等待了7年。

第一款Kindle代表着与移动端消费者创建新型关系的数字转换技术。Kindle为内容实现了智能手机为移动应用程序所做的——它打开了一个巨大的市场，提供了无数个改变传媒行业的机会。亚马逊不想卖书，它想通过设备创造一个内容消费平台，就像智能手机那样。

亚马逊几乎每隔18个月就会推出一款新型的、更好更完善的Kindle产品，并推出Prime计划，其Prime用户可以免费获得将近3 000部福克斯电视节目和电影，免费访问Kindle电子图书馆。所以，现在仅需10本平装书的价格，你就可以获得免费送货，观看上千个电视节目和电影，以及随时查阅并享有阅读10本书的图书馆权益。截至本书编写时，Kindle图书馆中已存有超过360万本图书资源，并拥有超过4 000万个亚马逊Prime会员。

通过给顾客提供更多的激励和理由去下载内容，而不是选择订单派送，亚马逊缩减了实物订单。秉承同样的理念，亚马逊还与福克斯电视台达成协议，提供电视节目、电影的流媒体下载。每部电视连续剧或季播剧都可以在线或是使用Kindle Fire（另一种不用加工、包装、发货的黑盒子）观看。亚马逊不仅节省了检索、备货、包装、快递的人工成本，还节省了数百万美元的邮费、运输成本。亚马逊是一个巨大的成功，如果巴诺书店的行动更快一点，就有可能阻止亚马逊到达今日的巅峰时刻了。

亚马逊刚开始创办时只销售图书。而在当时，如果巴诺书店能够发现数字化的重要性，可能就会阻止亚马逊图书销量的增长。就像20世纪的许多传统公司一样，巴诺书店没有重视数字化。

在史蒂芬·柯维的时间管理矩阵中发现，有太多的公司关注着紧急的事情，而不是重要的事情。紧急的事情需要立即关注，并且往往与别人的目标达成紧密相关；重要事情的结果则是达成你的目标。有效的数字化转换的秘诀与有效的时间管理类似——在重要的事情变得紧急之前就关注到它。

当一些公司还没有注意到新兴市场的机会时，竞争对手不仅打败了它们，还获得了额外的资金流入，并且发展得更为强大。

巴诺书店的顾客希望通过网络订购商品，在附近的门店取货，或者当他们在门店里发现所需商品缺货时，可以在店里直接通过barnesandnoble.com预订，在家中等待商品配送上门。巴诺书店目前具有这个能力，它在5年前甚至更久之前就可以做到这些。但是，在需要的时候它却没有做到。当它没有做出任何行动，眼睁睁看着亚马逊继续扩大用户群并建立用户忠诚度，它的数字化失败了。

如果巴诺书店采取不同的行动，即使不会导致亚马逊的消失，也会影响亚马逊网络销售图书的优势。

转型不是看你所认定的对手是谁，也不是看你的数字化本地竞争对手是谁。你可以模仿它们。但你必须弄清楚什么是你的独特之处，并找到别人没有的杠杆。

巴诺书店的战略优势是优质的实体店资源和品牌。它采取了行动，拥有资源，但是没有关注数字化。当人们在亚马逊上订购图书的时候，有很多人说："我还是喜欢社区附近的巴诺书店，我喜欢触摸书的体验，我喜欢待在巴诺书店里的星巴克，享受坐在软软的沙发上看书的时光。"

巴诺书店的这种情况在很多行业正在上演。比如，车联网技术已经走向主流。谁在关注呢？并不多。汽车公司宣称："永远不会发生。"这是许多失败公司最著名的遗言。

车联网技术可能不是明年或者 5 年后的主流，但是如果我是福特的管理者，我更倾向于发展这种汽车，并且投资实验，看看能否准确推算出车联网技术的发展趋势并观察消费者对汽车物联技术的使用体验。

不论规模大小，大多数公司都不想在一项新的数字化技术被消费者接受后才采取行动。公司数字化转型的失败可能是由许多原因造成的，而主要原因往往来自于高层管理者没有及时进行数字化决策，或者没有及时洞察到未来业务发展的趋势。下文列出了公司数字化转型失败的其他原因。

企业数字化失败的商业原因

没有利用企业独特的优势

一些企业没有把趋势作为可实现的发展机会，而是认为"这不会是什么严重的事情"，并采取相应的行动，它们把注意力从刚萌发的机会上转移开，这些机会往往稍纵即逝，没有得到充分利用。

它们需要意识到这些趋势确实会发生，某些明显的趋势如果真正实现，将带来巨大的变化。例如，智能手机所需的触摸屏的收敛性、高速数据传输服务和延长锂电池寿命，这些技术可能都没有得到业界领袖的关注。

在逻辑上，当发现一个趋势后，下一步不是问"它会发生吗"，而是问"这些趋势需要多久出现在目标市场上？为了领先竞争对手实现目标我们需要做些什么准备？"

数字化策略的制定缺少战略视野

很多企业错过了数字化转型的机会，因为企业的高管们缺乏预知今后10年、15年的能力，无法预想数字化的演变。这些企业失败了，因为没有识别出业务中哪些独特的资源是别人无法利用的，更没有利用这些资源扩大优势。

太多的趋势被那些规模上亿美元的公司的首席执行官忽视，简单地称之为潮流。他们做了有限的臆断，如臆断人们只会听下载的音乐，因为带宽无法保证好的音频质量。与此同时，像苹果这样的数字化领军企业抓住了机遇，在宽带质量提升后让用户体验到了高质量的音乐。而其他本来可以抓住机遇的公司，却错失良机。

企业要想具有竞争力，应该能预见本行业以及其他行业的发展，并获得未来真正有潜力的新产品和服务。它们应该在行业中领跑，而不是跟随。

新兴技术之一的3D打印将影响若干行业，包括制造、包装和运输。传统企业像史泰博和家得宝最近推出了店内打印计划。只要带着U盘进入门店，就可以使用门店的3D打印机打印一个产品。亚马逊也看到了潜在的商机——推出了3D打印店，在那里客户可以购买和订购产品，并根据需求打印和运输。

仅将自己与竞争对手进行比较，而忽视最佳实践

犯这种错误的最典型的例子是全球定位系统制造商。当通腾、麦哲伦和国际航电做得越来越好时，苹果公司发明了更昂贵的GPS设备——智能手机。然后其他人发明了免费的全球定位系统应用。最好的创意，或者是行业中最棘手问题的解决方案，往往会在其他行业出现。

把研究成果放在相关情景中，我们经常看到有些只关注本行业的竞争对手而忽视其他行业最佳实践的企业遭遇失败。很少有竞争者能特别前瞻性地带来促进行业发展的最佳实践。

仅关注销量，而缺乏对潜在顾客和客户参与的关注

再度审视网飞击败百视达的案例，我们可以从中学到一些东西，那应该是要对数字化投资。你可能需要衡量投资，才能坚持到它成为真正的主流，但至少你会最先投资并成为领先者，因为你一直在实验。你已经了解了相关内容，而后来者却不知道，你会成为该领域的领导者，而不是一个追随者。

记住巴诺书店由于忽略了"全渠道体验"而导致的失败。它是如何抛弃电子书读者的？采取短视行为，没有开办移动电子商务网站。它因此帮助亚马逊打开了快速发展的大门。

巴诺书店的失败有多严重？据摩根士丹利估计，2012年，亚马逊出售了价值35.7亿美元的Kindle电子阅读器和平板电脑。2013

年，Kindle 的销量达 45 亿美元。到 2014 年，Kindle 销售额达到 50 亿美元。这不仅仅是产品销售成功的一个指标，也是衡量客户参与程度的指标。Kindle 是一个内容分销系统，所有年龄段的读者都可以购买内容。这使亚马逊能持续吸引客户，将内容销售给客户，替代了纸质图书和杂志。

一家公司从崩溃到破产，其失败为我们提供了丰富的案例来研究该做什么和不该做什么。通过研究失败案例，你可以发现事情如何向着正确的地方发展，而哪些方向的发展肯定会出错。如果你不了解它们在哪里失败，就有可能跟随它们的脚步走向失败。

企业数字化失败的市场原因

客户群体的数字化感知更为复杂

企业，特别是实体企业，与老客户、非数字化客户相处融洽。它们放慢了数字化进程，延迟或停止转型。它们没有意识到当人们开始采用新模式交互时就会发生数字化转型。柯达没有意识到人们会放弃胶卷而选择更方便和廉价的数码相机。

电路城曾经一直抵制数字化，等到想做出数字化反应时，已经太晚并太昂贵了，更不用说数字化转型。百思买（Best Buy）是电路城最亲近的竞争对手，其注意到了电路城敲响的警钟。百思买在培养员工数字化转型方面做出了巨大的努力，甚至为员工创建了"客户中心大学"。它改变了商业模式和商业战略,管理层确保整个组织接受了以客户为中心的方案。

百视达没能发现客户正转向流媒体内容。就像我们刚才提到的那些企业不了解它们的客户群、没有满足客户的需求一样。例如,我的母亲喜欢使用 Kindle,用电子书代替了纸质书,然而,她仍然喜欢打电话给航空公司预订机票,因为在线预订并不像使用 Kindle 那样容易。

我们看到的是有些人在适应线上改变,有些人却没有。这是一个不断变化的客户群对数字化接受程度的标志。当改变发生时,像我母亲那样的"数字移民"不了解技术,不能适应变化。换言之,老一辈或没有技术背景的群体往往很难适应改变。他们可能能够适应一个领域,但无法跨界到其他技术领域。

许多公司看到它们目前的非数字用户更喜欢实体接触而不是数字化,并把这作为一个不进行转型的理由。百视达犯了这个错误,把数字化转换成了一个"7-11便利店"模式的实体店概念,很多家庭开车去周围最近的百视达门店,并在店内花费数小时从有限的电影中选出一部观看。

百视达没有意识到或承认客户正在离开他们的店面,客户更喜欢订购在线 DVD 观看,而不是去实体店铺在有限的 DVD 资源中挑选,而且许多时下热门影片经常缺货。客户也不喜欢支付延迟费用,尽管这给百视达带来 4 亿美元的收入,但这促使客户不得不及时归还光盘。百视达起初允许客户与别人免费交换 DVD,但后来限制了交换数量。

没有集中创造精简直观的客户体验

正如餐馆的大门应使顾客轻松、愉快、容易地进出，数字化体验也应该这样。当企业不了解客户的体验和接触点时，就会在数字化上失败。

例如，老年人正在与孙子通过 FaceTime 联系，在 Kayak 发现最优惠的旅游机票，或在网上支付账单。他们仍然是"数字移民"，有时会在互联网、某个应用或网站中因为购买一件商品而费力地操作，但很多时候他们费力是因为企业没有实现简单高效的交互。

创造最好的客户体验意味着收集数据以了解客户如何找到并探索你的公司进而做出购买决定，了解客户偏好的购买方式以及客户反馈的地点和方式等信息。不了解每个接触点并制定和实施相应的商业模式、策略和流程，这是企业数字化失败的另一个原因。

不了解数字化如何改变对所有制与共享经济的需求

为了使一个共享经济模式运转，消费者和企业都必须是值得信赖、相互信任的。这是传统商业模式的基本出发点，也是共享经济这一特定模式的关键前提。

《我的即是你的》（What's mine is yours）一书的作者雷切尔·波茨曼在这本关于共享经济的书中写道："共享经济背后的力量，实际上是通过技术的力量，在陌生人之间建立信任。"

有时这种商业模式有一种"围坐在篝火前唱圣歌"的感觉，感受一下，别把共享经济当作一个温暖、稀奇、流行一时的风尚。波茨曼认为仅消费者点对点租赁市场就价值 260 亿美元。这是一个充满信任和能量的经济模式。数字化失败的企业不了解如何进入人力和物质资源的社会经济生态系统。

缺乏快速适应趋势变化的能力

企业失败是因为它们缺少战略意识而丢掉了先发优势。世界发展是如此迅速，信息量每 12 个月就翻一番，企业需要预先制定一个融合技术和趋势的计划。

企业数字化失败的组织原因

缺少拥有决策自主权、直接预算权、承担盈亏责任的数字化领导

整个公司里可能有很多拥有数字化头衔的员工，但是却没有实施、控制数字化转变的权力。

企业需要任命一位首席数字官（Chief Digital Officer），而且不是仅仅给个称谓。这个职位必须要有实际预算、权力和执行授权，并且还要有其他员工负责监督预算的使用是否合理。百视达公司曾有一位致力于数字化转型的 CEO，后来百视达公司将其解雇，并聘用了一位对数字化丝毫不感兴趣的 CEO。没有任何人去拥护、实施和推动数字化,不到 18 个月,百视达公司的市场就被网飞公司夺走。

高层管理者没有参与到数字化战略中

高层管理者没有让员工做好在数字化环境中工作的转变,导致来自员工的阻力、破坏或是离职。一位创新的、具有前瞻性思维的领袖型管理者不足以驱动企业的成功转型。企业中的所有人都要参与到转型中去——上至最高管理层,下至收发文件的员工。员工和管理者的参与是至关重要的。

数字化团队成员过多或过少

当企业不知道如何为数字化转型配置合适的员工,没有明确的问责确保数字化预算合理分配,或没有适时给数字化转型进行投资,数字化转型往往会失败。

数字化没有融入企业文化

即便给数字化一次机会,企业文化仍可能扼杀它。现有体系会导致企业数字化的失败。企业内部稳定并且被认可的员工、团队、系统、政策和现有的流程,往往无法应对企业范围内的变化。这些可称为阻力,也可称为对"我们习以为常的方式"的重新学习、思考和修订,但是如果不着手或不能够塑造数字化文化,企业终将失败。

力求完美地完成内部开发和外包工作

想要通过企业内部现有员工完成数字化转型一般会失败。每个企业内部都需要有了解企业流程、文化和数字化的员工,他们才是每天处理公司日常需求和数字化流程的人。雇用外部的数字化员工同样重要,他们专注于数字化转换。他们不仅精通数字化,还能为企业带来其他行业的流程、模式和程序方面的建议。

数字化团队关键位置没有安排合适的人

员工的技能对数字化成功的重要性,无异于员工技能对组织和企业成功的作用。企业需要一个极具领导力的领导者,一个带头做决策并消除员工恐惧的领导者。换句话说,为了做好这一切,你需要进行调整。有很多员工害怕转型,还有一些员工会因为不知道转型对他们的影响而加以抵制。转型后他们还会有工作吗?他们具有转型后胜任该职位的必备技能吗?他们还需要更多的培训吗?

你可能会在汽车工厂撤出 50 个工作岗位,创建 150 个其他的工作岗位。员工需要为技术进步而改变自己。这一切归结于员工和管理者对数字化的接受程度,审视一下你自己和员工所具备的技能。

人们需要什么样的技能来运作数字化团队,或是重新思考业务流程呢?他们需要做出决策,需要被推动,需要根据你想要的方式做出调整。

你不应该惧怕改变,也不应该说出"因为没有人这样做过,所以我们也不会做"。事实上，恰恰是因为没有人做过，你必须要先人一步。

你还需要有良好的管理技能来管理团队，并创建数字化文化。也就是说，你需要雇用并吸纳那些对数字化有激情，想要与众不同、敢于冒险的人。

企业数字化失败的运营原因

依赖传统烦琐的流程不愿精简

成功的企业已经开发出很多流程和最佳实践，有能力做到这些往往是它们成功的原因。当它们认为自己在创新和实施新的数字化流程方面具备一样的优势，往往就会失败，因为事实并不是这样。

事实上，没有人真正地像了解其他流程那样了解数字化流程，因为数字化流程是全新的，并且每天都在变化。创建新的数字化流程伴随着学习、实施和变更流程。

缺乏企业范围内的数字化预算的监督

即使你做了预算，注意不犯以下两点错误也是很重要的：（1）不做重复的工作；（2）将数字化投入的资金分散在多个业务单元，而不是优化支出。例如，我们了解到，具有多业务单元的企业在付费搜索关键词竞价上互相竞争，因为多个业务单元都会关联到同一个搜索关键词。如果它们能整合力量,可能会降低成本并且恰当分配流量。

各部门独立控制数字化建设

很多公司的运营类似孤岛,各部门独立运作。销售、采购、市场营销和生产等部门为企业的运营提供功能结构。孤岛是业务结构中自然形成的。信息通常是上下流动,但是很少从一个部门到另一个部门。这就是公司失败的原因——没有消除孤岛效应带来的问题。破坏或者败退孤岛,并不是目标,重要的是消除孤岛结构所带来的孤岛思维。

孤岛思维是同一家企业内部某些部门甚至所有部门相互竞争的心态。即使不竞争,它们也不会在内部共享信息。孤岛思维不仅降低整体效率,还会降低士气,造成猜疑、虚伪等行为,最终导致产品、部门或文化的失败。

企业数字化失败的技术原因

为保存原有的基础设施而不进行数字化转型

金融服务机构每年在技术上的投资超过 5 000 亿美元。银行是技术的早期采用者,其中许多目前仍在使用传统的大型机和基础设施。然而,正是由于这种设施的复杂性、成本和信息技术等问题,导致很多的银行没能成功实现数字化。

银行的系统是出了名的分散和复杂，因此，很多银行在数据的质量和一致性上都有很大的问题。银行和金融机构沿袭传统的限制、法规，以及很难实现云计算的老旧系统。许多公司未进行改变，即使这种转型是负担得起并可行的。

内部缺乏社会化合作的能力

现在，很多员工都比"数字移民"同行和同事更年轻、更优秀、更精明，他们是"数字原住民"。他们往往更容易接受数字化，更活跃，但同时也会受到那些年纪大一些、在数字化和技术上接受程度较低的管理者的约束。大公司的首席执行官和管理者几乎都是"数字移民"，他们年纪更大，适应了不同的流程和沟通的方式。和其他"数字移民"一样，他们也很难适应（数字化）语言、社会文化和数字化蓝图。他们徘徊在舒适与恐惧之间，停滞不前并幻想着这样就足够了，而没有抛开不适来学习新的方式。这通常就导致了整个企业的失败。

第4章 / Chapter Four
在数字化趋势中打开商业机会

数字化破坏和观测数字化趋势之间的关系是很重要的,但它不是企业需要不断追踪数字化发展趋势的原因。追踪数字化趋势的价值在于先发制人、识别机会和反复改进商业模式,而不是等待新竞争者获得足够的牵引力。这就是为什么企业的首席执行官和管理高层在制定新的业务战略时越来越关注数字化趋势。

监控数字化趋势的原因

观察数字化趋势仅仅是数字化改造过程中非常重要的一部分。为什么数字化趋势如此重要呢?当持续观察时,这些趋势将揭示适合于公司未来发展和商业模式的观点。如果观点得到正确执行,基于数字化趋势分析的商业过程将为组织提供具有预测力的分析结果。

具体来说，数字化趋势将在如下几方面帮助你。

发现新的商业模式

数字化趋势不仅能探索技术和消费行为，还能够揭示新的商业运作和盈利方式，甚至能揭示你从未知晓的新的经济形态。以探索和验证商业模式为目的的数字化趋势分析能够帮助你对如何做生意以及商业模式是不是可持续等提出质疑和挑战。例如，如今自动驾驶的趋势有可能完全改变汽车保险的商业模式，汽车保险巨头打算如何对待这一模式？

抵御破坏

一些数字化趋势注定是昙花一现，长远来看，另一些数字化趋势最终将完全改变人们的行为方式以及互相接触的方式。例如，可以肯定地说，脸书和社交媒体并非转瞬即逝，而是已经改变并将继续改变人们的行为和互动方式。有多少家公司因此而受到影响？有多少新业务受到它的启发，有潜力颠覆它甚至超越它呢？认真研究社交媒体（或者其他领域）的数字化趋势能够让企业抢占先机，免于让变化打乱自己的业务。

更好地理解成员行为

无论你在什么行业，你的组织很可能每天都与人进行交互。这些人可能是客户、雇员、供应商、承包商或合作伙伴。这些与你的企业打交道的人员,如今使用的数字化技术和5年前已经有很大的不同,他们未来5年也将使用和今天不一样的数字化技术。了解他们的行为随时间的变化趋势十分重要,能够确保对他们进行良好的服务。服务好这些客户将带来更高的效率并节约成本,使雇员、合作伙伴和消费者更满意。

预测未来

大数据分析的核心是做预测。虽然使用了分析和趋势追踪工具和方法,现在仍然没有一个简单的方法能对未来做出准确的预测;但是预测未来会发生什么是可能的。也许最有名的预测分析技术在精算学中持续使用了很长时间,并每隔几年就会变得更复杂。下一次你通过手机与你的汽车保险公司交流时,问他们怎么计算事故率,看是否可以得到一个直接的答案。提示:你现在的驾驶记录是时下众多因素中的一个,他们利用这些因素来预测在未来你将发生的事故数。

将预测分析运用到数字化趋势,可以而且能够产生一个强大的组合。虽然到今天还不能有效实现,但是这个领域已经吸引了很多人才和金钱来应对挑战。

最大化企业的数据成熟度

我们探索了数据成熟度模型,我们使用这个模型来帮助大型组织根据它们在数据上的复杂度和竞争力,测量它们所在的位置。所有的公司都需要在适当的时间努力扩大规模，并在达到一个高水平的数据成熟度后保持自己的地位。趋势分析对于加快数据成熟度和保持公司在较高水平上（一旦你成功达到的话）具有重要意义。实现数据成熟度是一个不断变化的目标，你现在可能具有竞争力，但是随着时间的推移，如果你不努力的话就会落后。趋势分析将帮助你的组织在不断变化的环境中保持一定的成熟度水平。

将数字化趋势应用到实践的步骤

如果你想对组织的变化和结果产生影响，数字化趋势是一个能够加速你实现目标的有力工具。然而趋势也是一个动态的、复杂的工具，需要纪律和严谨来正确使用。管理人员问我们："我们怎么切实跟踪数据的变化才有意义呢？"或"即使我们有跟踪数字化发展趋势的方法，怎么把它们应用于实际情况才有意义呢？"答案是纪律、流程、严谨……和好的情境视觉效果。甚至可以考虑在某个地方放置一个数字化趋势仪表盘，你必须首先根据数字化能力和表现确定公司所处的位置。简单地说，你需要给公司定位一个标杆，第5章有更详细的说明。但如果你不知道公司的数字化成熟度，你就不能利用好数字化趋势。

理解数字化趋势的驱动因素

图4-1总结了驱动数字化趋势的因素。

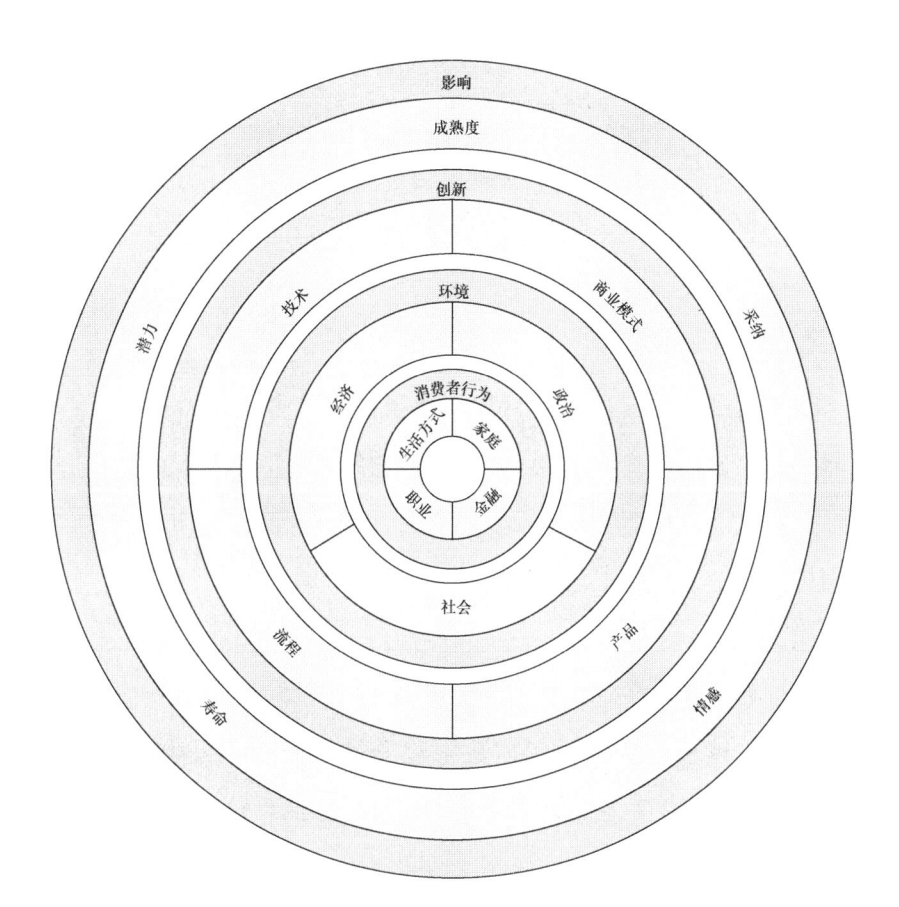

图 4-1 数字化趋势驱动力

消费者行为驱动数字化趋势

考虑那些监测并分析消费者行为的站点。例如，Media Audit 的联合服务测量了当地数百家超市客户的人口概况和消费行为。另一个例子是通过 SM2 算法监控以企业品牌为中心的在线对话。

生活方式因素

生活时尚潮流网站帮助人们转向更健康的生活方式。这开辟了多种机会，例如，耐克为肥胖者打造的耐克燃脂社区，Blue Apron 则服务于想要在家做饭但没有时间到店采购食材，或没有时间从头开始学做饭的人。

职业因素

越来越多的人现在成为自由职业者，同时为几家公司工作而不是只在一家公司工作很长时间。这一趋势促使类似于 Upwork 网站的增长。Upwork 使得公司可以找到拥有多种技能的自由职业者。这些网站帮助企业寻找它们需要的专家，也帮助专家找到他们最擅长的工作。

家庭和朋友因素

人们也越来越开放地利用数字化渠道来便利个人生活。例如，在线交友引发了在线婚恋网站的爆炸式增长，包括 Match.com、eHarmony 公司和那些针对细分市场的网站，就像人们在业余生活见面则用 OurTime.com。许多人使用诸如 MeetUp.com 的网站来找到志同道合的同龄人，MeetUp.com 可用于社交、分享兴趣爱好和体育活动。而那些热衷于建立家庭联系的人倾向于用 Ancestry.com。

金融因素

全球金融危机降低了传统的投资管理服务的信用，这也给自动化投资服务公司如 Wealthfront、Betterment、Personal、Capital 和 Mint.com 创造了机会。

环境因素驱动数字化趋势

每个行业和消费者都会通过直接或间接的形式涉及环境问题，这就是为什么越来越多的企业正在寻找途径把环境的可持续性作为企业商业模式的核心。随着企业开始理解可以通过节省资源的方式来实现成本的节约，它们开始转向可持续性的创新。例如，recyclebank.com 为人们提供可以循环使用纸张、塑料和金属废料的灵感和方法。

经济因素

共享经济出现在 2009 年全球金融危机之后，引发了人们让出自己的部分需求来换取金钱的风潮。一个以通过网络进行共享的价值十亿美元的产业出现了，例如在线房屋租赁网站 airbnb.com、在线工具和家庭用品租赁网站 neighborgoods.net。共享经济在持续改变人们的生活，例如我们会遇到 Airbnb，Zipcar，Lending Club 还有其他流行的共享经济网站。

政治因素

"革命不会被电视转播"，原为 20 世纪 70 年代的一首歌曲/诗的名字，现在则是一条复兴的短语，涵盖了数字化和社交媒体对政治事件，如"阿拉伯之春"的影响。全天候的新闻报道和信息服务网站以及对少数团体报道资源的渴望，驱动着这些新闻媒体如 HuffingtonPost.com，TheDrudgeReport.com 和 Salon.com 的增长。

社会因素

社交网站可以根据年龄来划分。年轻人多选择像 Snapchat.com 和 Instagram.com 这样的网站，年长者则在脸书上面变得越来越活跃。年轻的专业人士花费大量的时间在领英上面寻找就业机会。

创新驱动数字化趋势

数字化技术不是数字化改造的唯一驱动因素。在许多情况下，商业模式、产品开发和工艺改进的创新可以是催化剂。

技术创新

云计算技术已经改变了许多传统的音乐管理模式（从下载、存储音乐变为通过流媒体租用）和照片管理模式（从相簿存储照片到在云端分享照片）。

商业创新

Warby Parker 是一个商业模式创新的例子，它削减了眼镜行业的中间商，直接将眼镜销售给最终消费者。它的新模式允许用户在自己的家里而不是在一个漫天要价的实体店中试戴眼镜。Warby Parker 的成本因此大大降低，而且送货和退货都是免费的。

产品创新

Casper.com 的例子说明了产品创新如何推动新的数字化商业模式。它们创造了全美范围内快速、免费的床垫运输模式。如果没有产品创新，即将床垫压缩到一个小盒子里，在全美范围内使用联邦快递或 UPS 都是不可能的。

流程创新

近岸（next-shoring）是指公司将生产战略从海外外包转为在销售地附近生产，这样可以加快制造速度，从而保证产品及时上架。及时性是数字化改造的基本要素，近岸使得产品更容易及时送达。当然，库存产品越快转移到消费者，仓库、船舶和码头就能越快被释放。这项创新创造了一个新的趋势，即更多的技术劳动力需要去管控供应链。由于亚洲薪酬的上涨，更高的运输成本和快速进入市场去满足零售商和消费者的需求以及近岸外包似乎成了一种新的趋势。

数字化趋势的潜能

可穿戴设备被不断谈论。然而到目前为止，可穿戴设备对人们的生活产生的影响还相对较小。提到可穿戴设备，不应自始至终都是 FitBit、耐克燃脂手环、苹果手表。可穿戴设备有巨大的潜力。可穿戴设备的概念超越并扩展了传统的附加设备，嵌入到你穿戴的服装、配饰或者其他的物品中。

正如 Kindle 的出现占据了主流的电子阅读器市场后，大多数出版巨头都消失了。对于合适的可穿戴设备，类似的事情也可能会发生。关注新的数字化技术是否与你的行业相关，这是一种趋势。如果你是在酒店业，你将会关注到 Airbnb。但如果你在酒店用品的供应部门呢？如果你是床或床上用品的生产商、旅行香皂和洗发水的制造商，你是否会受到影响？类似于 Airbnb 的破坏者同样会冲击你的行业。

数字化趋势的量级潜能

2007年，微软当时的首席执行官史蒂夫·鲍尔默嘲笑苹果说："商务用户永远不会去购买并使用苹果手机，因为它没有键盘。"他认为售价500美元的苹果手机是"世界上最昂贵的玩具"。他接着说，"我们每年会卖出数以百万计的手机，而苹果公司一年一部手机也卖不出去"。令人难以想象的是，之后苹果成为了最大的破坏者，不仅扰乱RIM公司广受欢迎的黑莓手机，而且扰乱了世界上所有的智能手机。最显著的是，它改变了整个移动计算市场的现状，并且改变了我们彼此交流的方式。苹果之前已经证明过它可以用iPod占据一个巨大的市场份额。

数字化趋势的持久性

在退出可穿戴设备市场之前，耐克以及其他可穿戴设备制造商都会问这样一个问题："如果你工作做到一半，突然意识到你忘了带健身追踪器，你会回去取吗？"市场调研发现，大多数人不会回去取。他们会使用智能手机，而不是健身追踪器。事实上，热衷于可穿戴设备的人群中，有1/3的用户在使用6个月后将停止穿戴他们的健身追踪器。耐克和其他企业已经意识到健身追踪设备的吸引力是有限的，也许只在新年伊始当人们着手制定健身计划时才有一定的吸引力。以下一些原因使得人们放弃健身追踪器。

健身追踪器是为健身爱好者、运动员和准运动员设计的。然而，美国仅仅有不到一半的人坚持锻炼。如此低的比率，加上激烈的竞争，使得一名咨询顾问在关于此话题的白皮书上写道"令人担忧"。

健身追踪器最初的新颖性是具备一定吸引力的，但这个趋势并不持续。这可能是耐克和其他制造商退出市场并停止健身追踪器业务的部分原因。不仅仅是因为市场趋向饱和，而是由于消费者的主要兴趣已经由可穿戴设备本身转移到哪个更强大的软件可以用。谁将是可穿戴行业的破坏者是一个有趣的话题。

虽然可穿戴设备被吹捧为一种趋势，但这种说法的炒作性可能会超过技术性，至少目前是这样。智能手机和应用程序有更强的吸引力、更省电、更准确，而且比大多数可穿戴设备拥有更多的功能。只有健康穿戴设备具备更高的目标并具备更加先进的技术来测量心率、血压、血糖水平等，这种情况才会改变。可穿戴设备的长期吸引力可能仅限于医疗行业，像 Empatica 手表可以测量癫痫病的发作，已经开始得到投资者的关注。

耐克的燃脂手环赢在差异化，它是市场上最准确的健身追踪器。而医疗用可穿戴设备的准确率至少要达到 99.999%。它们的数据收集必须是安全的，质量控制必须要比运动手表或计步器更严格。

消费者在寻找有时尚感的可穿戴设备，像 Cuff.lo, Ringly.com, HelloMemi.com 或其他包含头饰、戒指、手镯等的高科技移动设备，这类具有时尚感的可穿戴设备会颠覆只有追踪器的健康设备。

数字化趋势的成熟度

你的公司处于技术生命周期的哪个阶段？你需要把技术生命周期放到企业的发展环境中。可能有人跑过来向你喊道："我们已经进入物联网时代了!"而你目前可能从事的是传统业务,并且处于产品生命周期的开头。因此,物联网技术目前不会对你的业务产生影响。或者你可能是一个年轻的公司,只拥有有限的资源,所以你只能专注于一个领域,直到你变得足够大,才会用到额外的技术和数字化工具来驱动你的业务。图4-2显示了典型的技术生命周期,并介绍了它如何迅速被采纳并投入实际使用。

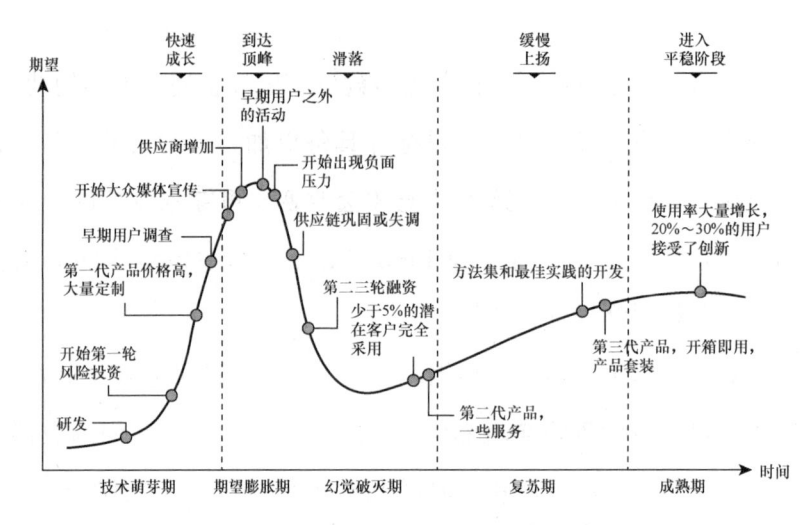

图 4-2 Garther 公司新兴科技生命周期曲线

数字化趋势采纳阶段

系统熵可以做很好的统计分析来解释典型的企业为何愿意采用新技术。从图4-3可以看出,只有一小部分企业被认为是"创新者"或"开拓者",这意味着在新技术被证明之前,很少企业愿意坚持下来,尝试新技术。在采纳新技术的循环中,一般的企业落在中间至后期部分。我们不会建议任何公司急于采用新技术。企业成功的关键是做对未来发展有利的事，这就是监控数字化趋势并分析它们的原因。和本书描述的附加规则结合起来，企业将会得到最好的结果。

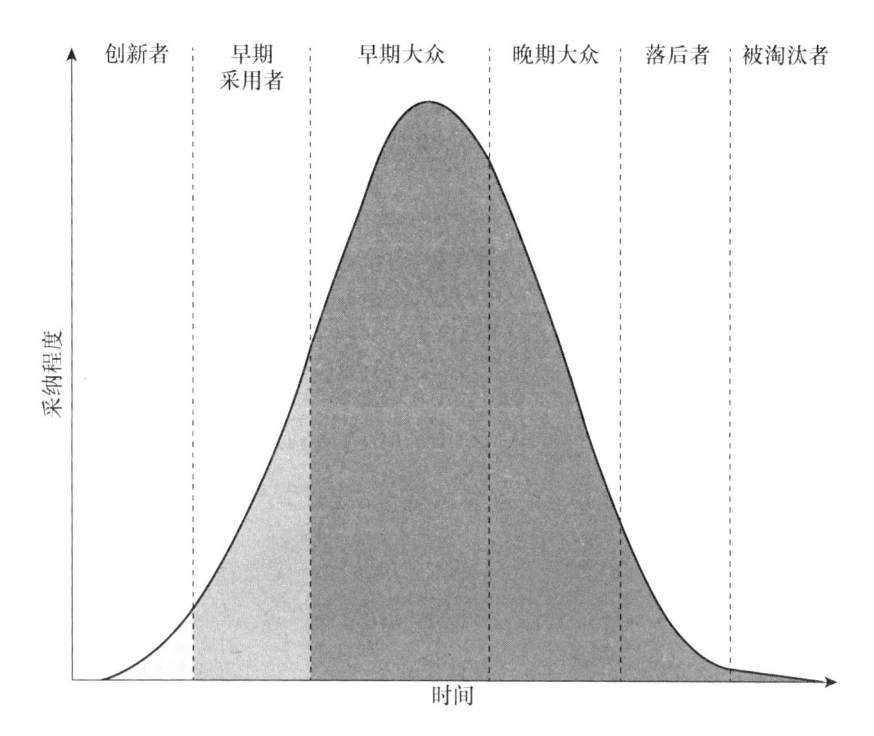

图 4-3 技术采纳周期

数字化趋势的情感分析

通过社交和传统媒体，我们可以随时随地用多种方式对数字化趋势进行情感分析。情感是指一类人对数字化趋势会作出怎样的反应。例如，人们真的很喜欢可穿戴设备并愿意在脸书、推特或者领英上面分享吗？有人说，"可穿戴设备正在改变我的生活"，并不意味着你应该调查客户对苹果手表的使用情况；一个竞争对手说，"没有推特或者领英我们无法做生意"，并不意味着你的公司能够在这些社交媒体平台上得到最好的服务。使用自己的论坛或网站你可能会做得更好，因为通过论坛或网站，那些对你的产品和服务最感兴趣的客户可以找到志同道合的同伴。请记住，正确的社交媒体可以增强你的信息，但社交媒体不能创造信息，情感来自你的客户对你的信息、产品、服务及获取渠道的反应。

现在有各种各样的监听工具和数字媒体测量工具，通过一个脉冲或情感分析，不仅可以研究人们如何看待特定的趋势，而且可以研究趋势是如何快速变化的，也许数字化趋势变化的量级很大，但它对情感的影响却是轻微的。记住情感分析并不是测量数字化趋势唯一或最好的方式。

监控数字化趋势

趋势分析是把一个复杂的整体分解成更细微的部分使得你可以理解它，了解随时间推移，事情如何以及为什么发生改变。

通过把数字化趋势进行分解，你可以看到：(1) 数字化趋势是如何与你的业务、商业模式或者产业相关的；(2) 数字化趋势的哪些部分能或者不能使用在你的商业模式或行业中；(3) 你的公司、商业模式或所处的行业存在哪些机会。趋势分析有助于帮助你预测数字化的发展方向，而最重要的是你的公司可以朝着那个方向努力。

确定公司的重要资源

首先要确定自己的日常业务所依赖的合作伙伴、供应商及相关行业。你的供应商是谁?与哪些公司成为合作伙伴能为最终客户提供完整的解决方案?你的产品如何最终送达客户的手中——供应链是怎样的?接下来,了解你的客户。在分析数字化趋势的情况下,了解你的客户就意味着理解客户与公司和产品每一步的关键接触点。他们的购物流程是怎样的?他们如何找到你?他们在哪里找到你?他们第一次如何联系你?他们从你这里购买的动机是什么?他们在购物后如何向你反馈?

确定你的客户或组成成员

总的来说你应该考虑所有与公司交互的个人和群体。公司的所有组成成员(无论是客户、合作伙伴还是供应商),他们应用数字化的目的是相似的。他们都想与你的公司建立快速的联系——通过简单、愉快的数字化体验迅速得到他们想要的。

确定最能连接客户与你的数字化接触点

你的客户与你联系时在哪里遇到痛点或问题?客户是否很容易与你形成联系,还是必须越过重重关卡?客户需要进行多少次点击?为什么?客户从你这里购物时使用了哪些技术、社交媒体或购买选择？上述这些正是你需要注意的一些趋势。在进行趋势分析时需要留意更多的数据。

确定与趋势相关的研究和数据来源

注意正确的数据。网络上的一些建议看似简单，但在网上的所谓的"专家"的扩散下，看似简单的建议并不可信。因此，要学会求助于可靠的研究和像 Forrester，Gartner，Pew 以及行业领导者如 eMarketer 源站点的数据。在博客的数字化趋势中，试着坚持收集每一天的日常数据点。

定义一个趋势评分模型

创建一种评分模型，使你能够快速找出那些最有价值的产品。将你的评分标准划分为几个指标。例如，你可以选择诸如市场规模或利润率指标。

建立一个递归趋势分析过程

坚持定期监测数字化趋势很重要。确保你在评价和监测数字化趋势过程中专注于客户的实际期望，而不是你认为的对客户重要的事情。

量化趋势机会以确定优先关注点

你不需要必须跳进某一个点。量化机会是了解你的产品在趋势生命周期中所处的位置。你读到的、看到的和听到的消息均经过传播者的发酵,你需要冷静下来,看看真实的市场规模究竟是怎样的,它将如何切实地适应你的业务,你何时将会有重要的客户需求。

操作步骤

- 安排一个负责人来监测数字化趋势,并确保其能够直接向领导汇报。
- 识别可能影响你未来出售的产品/服务的数字化趋势驱动因素。
- 识别两到三个有信誉的数字化趋势信息来源。
- 花费几周或几个月的时间准备/回顾数字化趋势报告。

第 5 章/*Chapter Five*
衡量企业的数字化能力与成熟度

企业在开始着手进行数字化变革之前，必须首先了解自身的数字化程度，包括对于自身优势与劣势的衡量。本章的目的是帮助企业对数字化的概念进行解构，同时也为企业衡量自身数字化的能力提供一些指引。

数字化能力的层次

数字化的概念是多维度的，也是不断扩展的。因此，对数字化的衡量与自我评估也是十分困难的。很多企业对于数字化的概念都存在一定的困惑，尤其是这个概念的范围。部分企业仅把数字化当作一个技术上的概念，一部分企业则将数字化限定在市场营销的概念中。某些企业还会犯以偏概全的错误，将注意力聚焦在数字化的部分功能范围内（如社交媒体），并将其作为企业在数字化方面的整体展示。

企业如果要想了解自身目前的数字化程度与需要提高的方面，就应对数字化的层次进行解构，并对不同层次上的数字化能力进行分析。通过分析每一个层次的数字化能力（见图5-1），并将其与邻近层次和更深层次的数字化能力进行比较，企业可以更容易了解数字化是如何进化与成熟的。

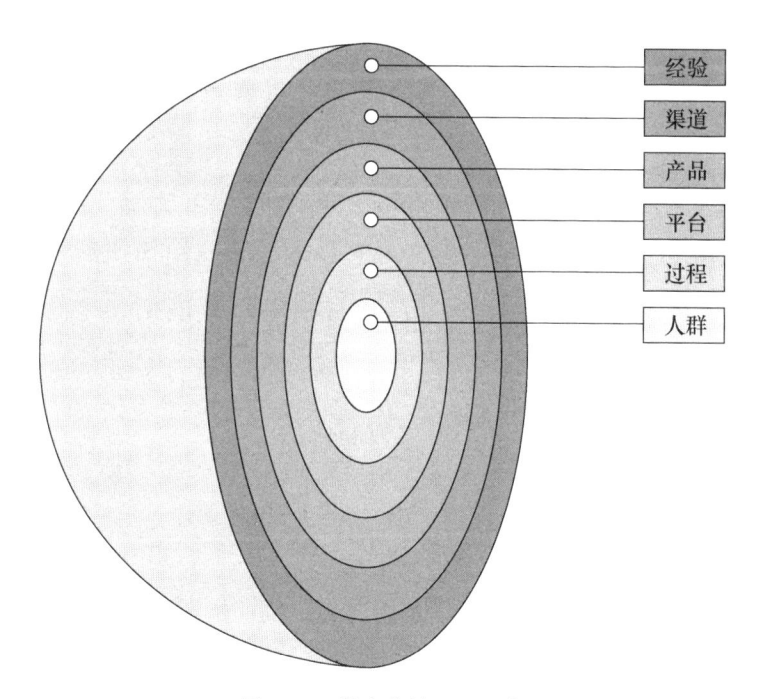

图5-1 数字化的不同层次

我们生活在一个分层的世界中。每天早上我们起床后，会根据自己的职业或当天需要完成的事情，搭配内衣、衬衫、领带、夹克、袜子、鞋子、大衣等。每一件衣服都有自身需要完成的目标，同时也和邻近层次的衣服有需要共同完成的目标。如果我们把内衣穿在裤子外面，那么不仅没有完成穿上内衣所需要达到的目标，也会让我们看起来很奇怪。同样，将袜子穿在鞋子外面或将衬衫穿在大衣外面也会使每一件衣服的目标无法达成，同时这两件相邻的衣服之间的关系也无法满足。

通过对数字化的解构，企业可以将数字化转换成不同的层次、功能与类别（如外衣与内衣、舒适与防护等），这将使企业更轻易地了解在不同的项目、流程或战略中如何与数字化的不同方面进行交互。

企业不应该问"我和竞争者相比处于什么样的位置"，而应该更多地去思考："我的数字化成熟度是多少？我期望达到的目标是什么？与我们需要的数字化变革相比，我们现在的表现怎么样？"

更重要的是，企业需要比较的对象应当是最佳实践。企业需要在不同的领域设定基准，作为努力的目标。这样，企业将可以客观地观测到需要提高的方向与程度。

为了能够更好地理解数字化方面的内容，我们将数字化的概念分成7个层次，并对每个层次给出了一些典型范例，包括在该层次中需要关注的内容与可以用来进行比较的最佳实践。需要注意的是，不是每一个行业都可以使用同样的关键绩效指标（KPI）或标准。在本章中，我们将利用最广泛使用的数字化能力指标来描述如何为企业的数字化能力设定基准，但这些能力指标并不能涵盖所有的数字化层次。

第 5 章　衡量企业的数字化能力与成熟度　65

数字化渠道

　　数字化变革需要企业对自身与客户的连接渠道有明确的认识。无论是社交媒体、电子邮件还是搜索引擎，这些不同的数字化渠道都是品牌与客户之间最可能进行沟通的接触点（见图 5-2）。不同的

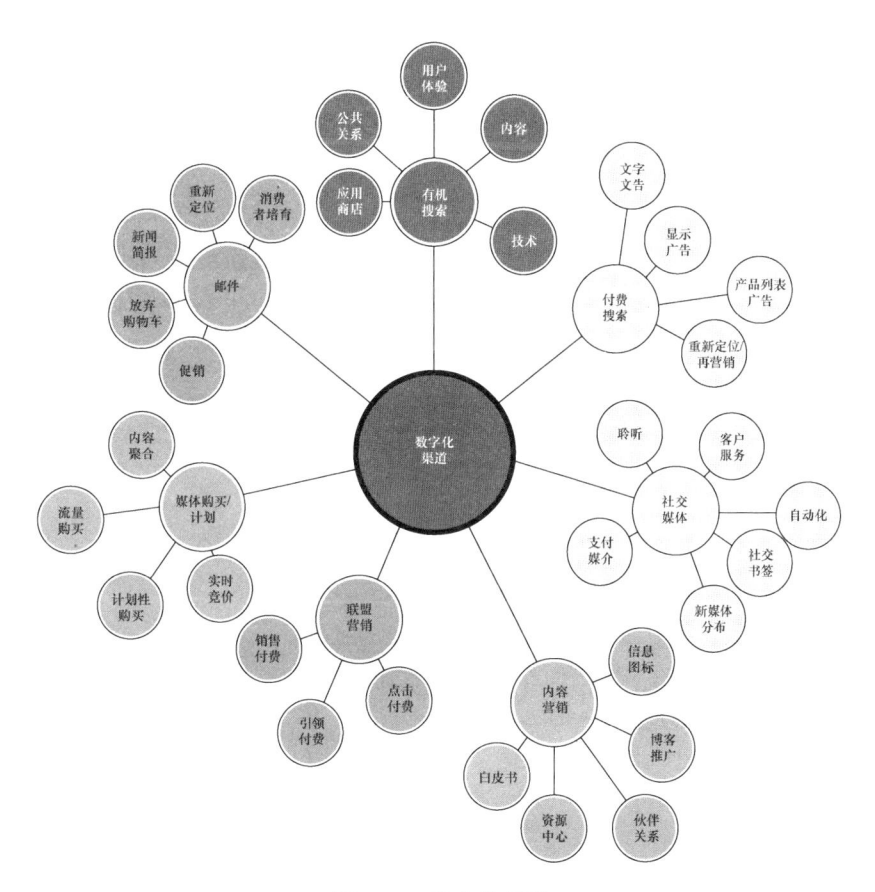

图 5-2　数字化渠道

行业与目标用户可能对渠道有不同的偏好，所以重要的是不仅仅要知道这个事实，还要了解背后的原因。

并不是所有的渠道与所有的企业都紧密相关。很多企业会根据渠道的绩效、客户的偏好与渠道的性价比来决定企业对于不同渠道的投资与关注程度。下面将对不同的数字化渠道及其典型标杆进行举例说明。

例子：搜索引擎的自然搜索结果

数字化营销的一个要点就在于，使企业的目标关键词尽可能地在搜索引擎的自然搜索结果（仅仅由与搜索词的相关性产生的搜索结果列表）中排名靠前。通常而言，企业在自然搜索中的表现十分重要。图5-3描述了自然搜索为网站带来的流量百分比，也阐明了这一渠道的重要性。

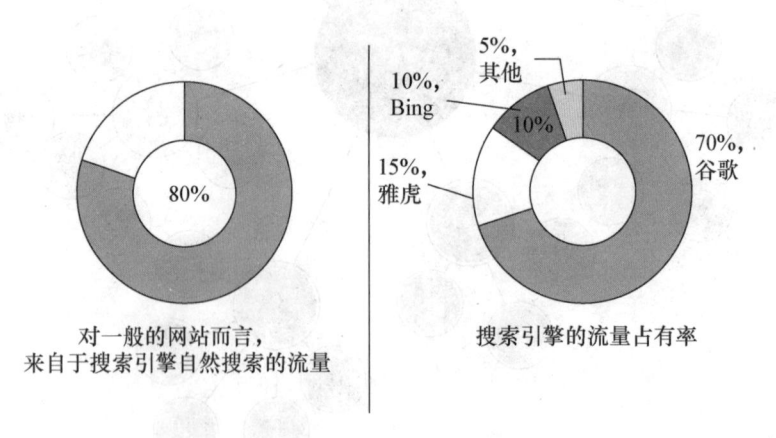

对一般的网站而言，来自于搜索引擎自然搜索的流量：80%

搜索引擎的流量占有率：70%，谷歌；15%，雅虎；10%，Bing；5%，其他；10%

图5-3 自然搜索的重要性

相对于收费的搜索引擎广告，消费者更倾向于相信在自然搜索中表现出色的网站，因为自然搜索的设计理念即是为用户的查询提供最直接的答案，而付费搜索则是广告的另一种形式。当谷歌对搜索排名算法发布更新时，数字化企业通常会对更新带来的关于企业排名与销售额的影响产生一定的恐慌，因为它们的网站流量很大程度来自于搜索（对于大部分企业这一点都成立）。例如，在本书写作的同时，谷歌最新的更新提升了企业网站响应性对企业搜索排名的影响。

影响企业搜索排名的因素有很多，本书无法一一加以覆盖。然而，很多企业现在都应用了一些核心的策略以获得搜索方面的成功，包括发布一些相关的内容，其中包含恰当的期望在搜索结果中出现的关键词组合；在某一行业领域中其他关注于企业目标关键词的权威性较高的网站上产生指向企业网站的链接（有时候，这一做法也被称为链接建设或反向链接）；确保网站的结构与内容元素建构恰当，使得基于文本的搜索引擎可以阅读网站，包括网站中目标关键词的组合、加入标签的图片、转录后的视频等。

目前已经有很多工具可以协助企业对其在搜索引擎自然搜索方面的表现进行衡量，例如 Position.ly 和 Moz.com。

例子：社交媒体

社交媒体已经成为数字化世界的一个主要部分，但本书不会讨论个人的社交媒体行为，如分享午餐和旅游的照片等。企业已经开始利用大型社交媒体网络（如脸书、领英、推特等）增强客户的参与度、处理客户服务方面的事宜、提升品牌关注、思考领导力，以及管理公共关系等。然而，一些管理人员仍然认为社交媒体对于千禧一代来说是精力的浪费。社交媒体行为及关注可以对企业的自然搜索排名带来何种程度的提升，甚少为人所知。根据 Search Metric 2014 年对影响搜索排名因素的报告，与社交媒体相关的因素（分享、赞、评论、发帖等）占据了影响因素前十名中的六个位置。对于企业而言，为何要在社交媒体中保证行为恰当，这便是一个主要的（尽管是非直接的）原因。很多企业都会将自身精力集中投入那些目标与社区背景及企业品牌相匹配的社交网络中。

例如，考虑到其业务的可视化特征，女性服饰零售商可能更关注 Instagram 和 Pinterest；而企业软件供应商可能更关注领英和推特，因为这些社交网络更加职业化，拥有更职业化的思维方式。类似 IF This Then That（IFTTT.com）与 Onlywire.com 这样的服务可以帮助企业自动完成在其他流行的社交网络传播内容。与搜索引擎相类似的是，企业对其社交媒体渠道的衡量也有大量的最佳实践来源可供参考。

根据企业所在的行业或依据的商业模式，其他可作为标杆管理的数字化渠道可能包括电子邮件、视频、代理联盟、内容聚合、在线广告联盟等。

数字化生态系统

企业的数字化生态系统，指的是企业在数字化方面具有一定架构的资产或"不动产"，包括网站、社交媒体，以及在智能手机、平板电脑、可穿戴设备、智能电视、汽车显示屏等正在蓬勃兴起的技术接触点上运行的各种应用。图5-4对很多企业如何建构与发展自身的网络、移动与社交生态系统进行了简要的总结。

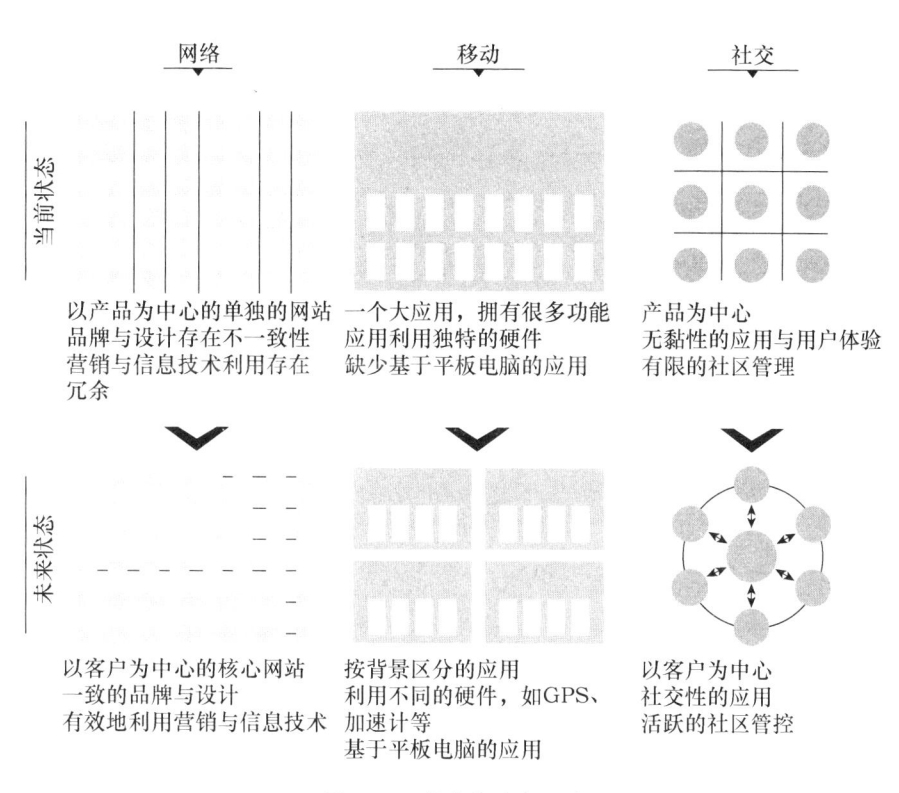

当前状态

网络：
以产品为中心的单独的网站
品牌与设计存在不一致性
营销与信息技术利用存在冗余

移动：
一个大应用，拥有很多功能
应用利用独特的硬件
缺少基于平板电脑的应用

社交：
产品为中心
无黏性的应用与用户体验
有限的社区管理

未来状态

网络：
以客户为中心的核心网站
一致的品牌与设计
有效地利用营销与信息技术

移动：
按背景区分的应用
利用不同的硬件，如GPS、加速度等
基于平板电脑的应用

社交：
以客户为中心
社交性的应用
活跃的社区管控

图5-4 数字化生态系统

下面将举例分类说明可以被企业作为数字化生态系统标杆的典型。

例子：移动应用生态系统

在开始建设移动平台战略时，企业通常会提出以下一些问题：

- 我们应当开发移动应用还是响应式网站？
- 移动应用和网站都应当包括什么样的内容？

- 是否应当仅开发一个应用，还是更多？
- 如果要开发多个应用，如何在不同应用间分配系统功能？
- 应当支持哪种移动操作系统？

对于以上问题的最佳实践存在很多不同的观点。当必须开发多个应用时，有些品牌选择使用多应用、单目标的移动应用生态系统模式。在这种模式中，一个应用支持且仅支持一个用例。谷歌是这一策略的最著名的代表。对谷歌的应用进行一些分析可以发现，对它的每一个产品，谷歌都提供了单独的应用。这些应用包括Gmail、谷歌日历、谷歌地图、谷歌新闻、谷歌文档、谷歌钱包、谷歌分析、谷歌环聊等。由于每个应用都是用来支持独特的用户场景，谷歌使用这一策略也显得理所当然。另外一种建构移动生态系统的方法则是单应用、多目标模式。星巴克是这一模式的典型代表。作为一家庞大的企业，星巴克的应用包括了所有的关键功能，如星享俱乐部、支付系统、店面位置搜索、新闻等。第三种模式则是一种混合的模式，典型的例子是美国运通公司。它使用了一个多目标的应用以覆盖所有的核心用例，同时也使用了一些单目标的应用以满足部分独特用例的需求，无论这些用例是否在核心应用中已经覆盖。应用这种模式的部分企业也开始将它们的多目标应用进行分解，将其转化为多个单目标的应用。

赫兹租车在移动生态系统的实施方面为我们提供了一个很有代表性的错误范例。赫兹租车选择在自身的核心应用之外发布了一个新的应用，名为"Hertz 24/7"。这一应用主要服务于按小时租赁车辆的用户，而原有的核心应用则服务按天租赁车辆的用户。然而，这一新应用与核心应用过于类似，使得客户无法认识到二者功能上的不同。对于赫兹租车的客户，使用应用仅仅为了完成一件事情——租赁车辆。租赁的时间基础并不足以驱动用户在不同的应用间进行切换来完成这一唯一的任务，即租赁一辆可以使用的车辆。相反，赫兹租车更适合将按小时租赁作为一个选项放入自身的核心应用中，就像Zipcar的用户在一天中租赁车辆超过一定时间时只需要支付一个固定的费率一样。另一方面，诸如达美航空等航空公司在将它们的所有用例集成在一个多目标的应用方面就实施得相当成功。这主要是因为它们能够理解客户的旅程，将航班订票、查询航班时刻和确认登机牌等功能集中在一个有效率的应用中完成。图5-5描绘了企业可能使用的不同的移动应用框架。

例子：网站生态系统

企业很容易被目前的移动应用狂潮所吸引。然而，鉴于开发应用所需要的时间和金钱投资，很多企业明智地选择了在核心应用外单独开发响应式网站。从生态系统的角度讲，拥有多个商业单元、生产线，覆盖多个国家、多种语言的企业需要拥有多个网站，甚至更多的活动网站、微型网站和登录页面。在过去，由于技术灵活度的限制，营销人员通常很难将新内容与新能力迅速集成到核心网站中进行发布。与其等待并错过机会，他们宁可建立新的网站。

很显然，从客户的角度讲，这一做法很容易产生困惑。从搜索的角度讲，拥有多个相对独立的网站使得企业的域名权威度受到损

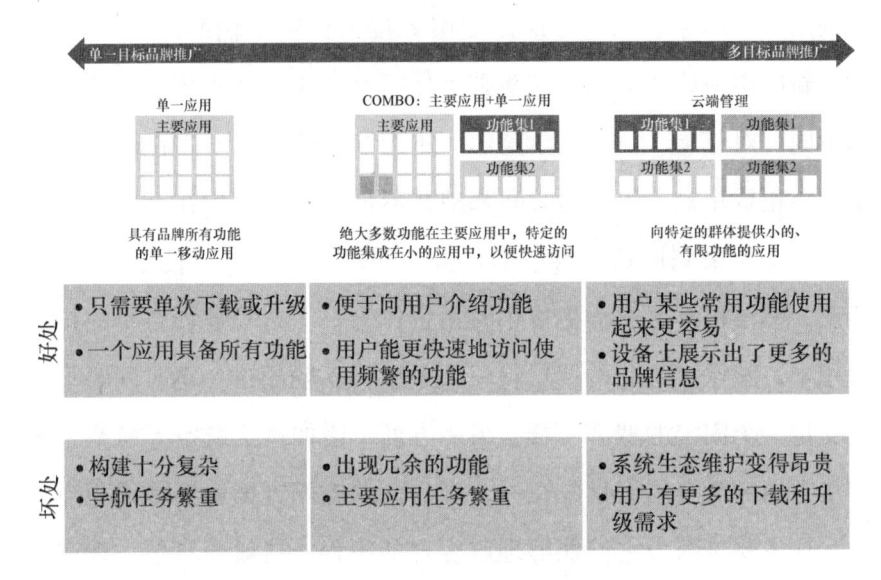

	单一目标品牌推广	COMBO：主要应用+单一应用	多目标品牌推广 云端管理
	单一应用 主要应用	主要应用　功能集1 　　　　　　功能集2	功能集1　功能集1 功能集2　功能集2
	具有品牌所有功能的单一移动应用	绝大多数功能在主要应用中，特定的功能集成在小的应用中，以便快速访问	向特定的群体提供小的、有限功能的应用
好处	• 只需要单次下载或升级 • 一个应用具备所有功能	• 便于向用户介绍功能 • 用户能更快速地访问使用频繁的功能	• 用户某些常用功能使用起来更容易 • 设备上展示出了更多的品牌信息
坏处	• 构建十分复杂 • 导航任务繁重	• 出现冗余的功能 • 主要应用任务繁重	• 系统生态维护变得昂贵 • 用户有更多的下载和升级需求

图 5-5　移动应用生态系统框架

害。从运营的观点看，这些平台存在大量的冗余，也造成了用户体验的不连续，可能导致的结果就是企业最好的那些客户由于需要使用多个产品、必须访问不同的网站，从而感受到的客户体验很差。大量企业在追赶最佳实践时都在将它们的网站集成在一个域名下，并建立导航系统，使得不同的用户群体可以更容易发现他们想要寻找的内容。

例子：社交媒体档案

从生态系统的角度讲，企业应当在所有的社交档案中确立自己的品牌。由于建立一个社交档案十分便利，任何一个员工或客户都可以建立这种档案，这也为企业带来了挑战。例如，名为 ABC 公司的企业可以使用它的名字建立企业的核心社交档案，然而这并不能阻止下属部门的员工建立其他与部门直接相关的社交档案。此外，由于社交网络的兴起，企业很难阻止客户或与企业无关的人群建立档案或群组。这就导致了那些知名品牌可能存在多个重复的社交档案，也为客户在特定的社交网络上搜索品牌带来了困惑。

举一个简单的例子。如果我们在推特上搜索一个常见的《财富》100强企业的名字，通常会出现多个社交档案结果。其中，至少有一个已经接受了社交网络的认证，也可能有很多其他不同的版本。客户很难判断哪一个是他们需要找到的企业。在脸书、领英或其他著名的社交网络上进行搜索，同样也会得到类似的结果。这并不意味着需要删除所有重复的账户，但是如果允许存在多个社交档案，社交网络需要清楚指出每个档案的目的。同时，如果用户没有访问到需要的档案，社交网络需要为用户指明如何可以找到正确的档案。

数字化体验

在这里，我们使用"体验"这个词来指代客户体验。这一概念涵盖了企业与客户之间全部的沟通交互过程。大部分时候，这些体验来自于在线环境，但客户体验也包括线下体验。企业如果可以建立独特的客户体验，并能够有效及时地响应客户的需求，就可以被看作成功的客户体验。

例子：全渠道体验

目前，仅仅提供稳定有效的用户体验对于企业来说已经不足以满足客户的需求。拥有多个客户渠道的企业面临着为客户提供集成化体验的需求。多渠道的服务，也要求在线客户体验与内部运营流程共同进行复杂的数字化变革。举例说明，很多大型零售商，如巴诺书店、塔吉特、史泰博、沃尔玛，甚至是劳氏现在都提供了在线购买渠道。客户可以在家中购买商品，并通过邮件或在本地零售店提货的方式获得这些商品。零售商们发现，当本地零售店的客户服务代表无法访问客户的在线订单历史时，客户将十分失望。同样，如果零售店无法告诉客户他们会员卡上的积分或无法提供新卡预订以维护他们的折扣与优惠券时，客户也会十分不满。对于客户而言，与企业的每个接触点都与其他接触点紧密集成是很正当的要求。企业必须完成这一点。

成功的全渠道零售需要无缝融合线下购物的优势与线上购物丰富的客户体验。集成化的体验可以增强企业的品牌知名度并提升企业的客户体验，不论用户从何种渠道访问。通常，为客户提供无缝的购物体验是有回报的。根据 RIS News 在全渠道准备度方面的白皮书显示，如果零售商无法成功完成全渠道战略的集成实施，其将承受约 6.5% 的利润损失。相应地，如果零售商可以为客户提供成功的全渠道体验，则可以收获数百万美元的利益。

根据 Forrester 公司 2012 年的调研报告，美国的电子商务市场规模达 2 000 亿美元，预期在 2016 年时达到 3 270 亿美元。ABI 研究公司预测在 2015 年，全世界的消费者将在移动手机上购买价值 1 190 亿美元的商品。在上面提到过的 RIS News 的白皮书中，只有

19.2%的零售商成功地实施了全渠道解决方案，30.8%的零售商对自身的战略进行了调整，正在逐步追赶。然而，剩余50%的零售商已经落后，并没有任何计划进行调整。

在全渠道体验方面，Crate & Barrel（C&B）是一个很知名的范例。它对客户有着深入的了解：客户会在互联网上对产品进行研究，在Pinterest上发布产品图片，在脸书上讨论产品，在购物前会在移动设备上进行确认。由此，C&B的应用会保存客户的购物车，使得客户可以利用不同的设备和浏览器访问自己的信息。无论C&B的客户在购物或支付过程中进行到了哪一步，都不需要重新输入账单信息、购买信息。

C&B还为客户提供了另一个无缝的体验，这一功能也很受客户的欢迎。在C&B的应用中，如果客户需要使用婚礼与礼物注册功能，他们可以利用手机建立与维护注册信息。

另外一个例子则是星巴克。星巴克的客户可以通过不同的方式对他们的星巴克会员卡进行检查和更新：手机应用、星巴克网站或实体零售店。客户可以使用他们的积分卡或手机与移动设备完成支付过程。同样，账户余额将在所有渠道同时自动更新。

再举一个例子。需要购买婚礼礼服的准新娘可以使用PicknTell提供的Alfred Angelo魔法镜应用。这个应用通过移动设备连接到特制的镜子上，并视频记录下准新娘试穿婚礼礼服的过程。应用还可以把记录的视频和照片实时转发给新娘选定的好友和家人，让他们分享礼服挑选的过程。

例子：响应式网站设计

当第一代基于互联网的移动设备在市场上发布，但应用商店的概念仍未出现的时候，数字化程度很强的企业如亚马逊已经开始建设其核心网站之外单独的网站。这些网站的设计需要适合更小的屏幕，并且支持移动设备的输入控制。这些网站通常被称为企业的移动端网站或手机网站。这要求企业至少需要维护两个冗余的网站——重复的内容、重复的功能，以及重复的客户体验。当移动浏览器、网站设计与开发都发生了进化时，响应式设计的概念开始诞生。

响应式网站设计允许企业建立一个网站，使用一个内容来源。企业现在可以利用类似于层叠样式表（CSS）等的前台技术，不仅仅改变内容的布局，还可以改变显示的内容与功能。这是因为技术可以"了解用户使用的设备与屏幕大小，是否在台式机、平板电脑或智能手机的浏览器中访问，从而网站可以做出响应，以适应恰当的屏幕大小"。

其他的最优实践可能包括适应性设计。根据设备的不同，适应性设计可以展示功能、内容与设计完全不同的网站。例如，如果某个特定的功能或内容需要利用智能手机上特定的硬件能力（如加速计，用来测量加速度的设备），这个功能或内容可能只对在智能手机上访问网站的用户显示。如果用户利用台式机上的浏览器访问网站，这个功能或内容将不会出现。

例子：网站与应用导航系统

汉堡包菜单是一种目前主流的导航系统设计趋势。这种菜单通常是一组三条横条，位于网站的右上方（有时也在左上方）。点击每个横条时将有一个菜单打开。这种设计被认为是最佳实践，因为在响应式网站中应用时，无论台式机版本还是智能手机版本的网站上显示的菜单都可以保持一致。有效的导航设计能够指引访问者，使得他们能够很容易地了解网站包括什么内容，如何寻找到他们所需要的内容。这就意味着网站需要囊括多种内容，如控件、导航元素、滤镜、爬梯法、层次化导航、主菜单、网站地图、排序与个性化等。

与导航系统设计相类似，网站组织架构需要将内容以用户友好的方式进行安排，使用户可以容易地寻找到需要的信息。这包括由内容到商务行为的链接、页脚内容、全站级的内容组织及网页级的内容组织等。

数字化特征

例子：可定制化

可定制化的特性允许用户选择与网站交互的方式，包括对交流方式偏好和内容偏好的设定。对于企业而言，重要的是网站要具备一定的工具，使得客户在访问网站的时候可以增加自己独特、个性化的客户体验。

例子：账户管理

网站需要对账户进行设置，使得用户可以更容易地获取大部分信息。账户管理的内容通常包括通知与提醒、商业智能仪表盘、客户忠诚计划、支付与送货偏好、用户账户注册和购物车。

例子：客户服务

所有人都知道在线下世界中优秀的客户服务是如何运作的，然而这种客户服务应如何转换至线上世界？企业的重心应当放在哪一方面？根据我们的研究，相对于电子邮件，在线实时聊天工具通常能够取得更好的效果。

数字化平台

在这一部分中，我们将回答以下几个问题：企业需要建立什么样的平台，使得其他人可以通过这个平台观察和参与企业，与企业进行沟通？企业的数字化平台是否足够强大？对于企业而言，它们的目标是建立足够有力的数字化平台。通过这个平台，其他各方可以轻松地将他们的业务和企业的业务进行沟通，在此基础上完成产品与服务的构建，共同创造价值。下面将对可以被大多数数字化企业作为标杆的典型数字化平台进行举例说明。

例子：商务分析

相对于很多渠道，数字化渠道更容易衡量。很多营销人员或数字化业务所有者都可以利用分析工具基于事实而非假设进行商务决策。大型组织很久以前就开始利用 Omniture 或 WebTrends 这样的工具辅助商务决策，这些工具通常拥有较为稳定的分析能力；然而，我们发现越来越多的组织开始依赖谷歌 Analytics 工具完成商务分析。无论选择何种分析工具，企业都需要实施一个完整的分析平台，并且实际应用平台和工具对数字化商务绩效进行分析。企业可能需要分析不同的绩效指标，包括广告战、变革行动及网站优化成功与否。

更高层的分析团队同样会采用其他的平台，像 Kissmetrics、Mixpanel，Segment.io 和 Flurry Analytics 等，这些平台可以让团队对 A/B 测试、客户细分、客户旅程和转化有更深入的了解。在这些分析工具之外，企业可能还需要采纳一种仪表盘工具，为企业的管理团队和核心利益相关者提供可视的总结性图表，因为这些人通常没有时间在不同的细节信息中进行切换。几个典型的现有的仪表盘工具包括 Domo，Tableau 和 Qlikview。

分析工具不仅可以被营销人员与商业管理人员使用，对数据很熟练的用户体验专家也开始应用类似 CrazyEgg 之类的分析工具，利用其中的各种特性（如热图）在网站上更好地完成客户行为的可视化。通过对这些工具的利用和根据结果的不断修订，企业可以更迅速地将客户反馈纳入企业的数字化体验，同时省去发布前漫长的焦点小组访谈与框线图测试过程。人们很有可能只是嘴上说他们会做什么，但并不会实际动手去做，利用分析工具可以克服焦点小组访谈的这一缺陷。

例子：多变量测试

网站与移动应用通常由多个可变的元素组合构成。多变量测试会对其中两个或更多的元素进行改动，从而建立元素组的不同版本。之后，将对这些版本进行测试以确定最佳或最优化的版本。现存的很多工具可以协助数字化企业完成这一任务，如 Optimizely，Adobe

Target，Unbounce 和 GetResponse。

例子：个性化引擎

甲骨文公司的研究显示，81%的人在购物体验更加个性化时会选择花费更多的时间与金钱。当人们越来越熟悉数字化时代时，企业必须不断对客户体验进行重建。对于在线商务，实施个性化引擎是一个关键的平台。这种技术为每一位客户每一次访问提供独特的体验。当客户访问网站时，个性化引擎对网站进行适应性的改变，定制与客户之间的沟通方式，并利用推荐系统提升收益。这一引擎的重点主要包括合作与偏好的目标营销、基于个人信息的目标营销、基于设备的目标营销、基于地理位置（IP/地理标签）的目标营销、基于网站行为的目标营销、基于网络档案的目标营销、再营销计划的管理、规则管理工具、基于规则或表达式的目标营销与市场细分管理工具等。

衡量企业的数字化能力

企业可能拥有所有适当的数字化平台，但是却没有恰当地使用它们。由此，我们需要对企业的数字化能力进行衡量，并设定标杆。标杆提供了一种标准，企业可以借以衡量自己的变革行动。数字化标杆为企业提供了参照点，企业可以利用这些参照点将自身的数字化变革与其他企业的变革行动、企业目标与行业标准进行比照。同样，数字化标杆也帮助企业确定绩效衡量、目标确定、战略决策与建立商业模型可以使用的标准线。它反映了企业表现的好坏，所以企业可以作出需要的调整。我们可以将标杆报告看成汽车上的仪表盘，它可以反映车辆目前的状态：油料是否充足？车内温度是否合适？行驶了多少里程？当前的车速是多少？

设定数字化成熟的标准

企业需要到达的目标依赖于企业当前的状态。要达到企业最期望的状态，即行业内领先或最高的数字化成熟度，企业需要经历数个阶段，如图5-6所示。

初始期

如果企业不具备最基础的数字化元素，如社交媒体或移动网站，对于大部分当今的消费者而言，这些企业即使不是完全不可见的，也是基本无关的。这一阶段代表了基本不具有数字化成熟度的状况。

反应期（或交互期）

如果企业可以满足客户最基础的数字化期望，企业就到了反应期（又称交互期）。这一阶段的企业可能已经有了初步的数字化能力，如电子商务平台，但通常难以使用，或者移动界面不友好。交互期的企业显示了部分数字化成熟度，但仍然不足以满足客户需求。对于大部分企业而言，这是一个正常的状态。它们没有意识到竞争者的数字化行动。通常，当竞争者在数字化上取得了成功时，它们才恍然大悟并做出反应。它们可能作为追赶者持续对领先者的行动做出反应，就像百视达对网飞提供电影DVD租赁与线上视频流播放

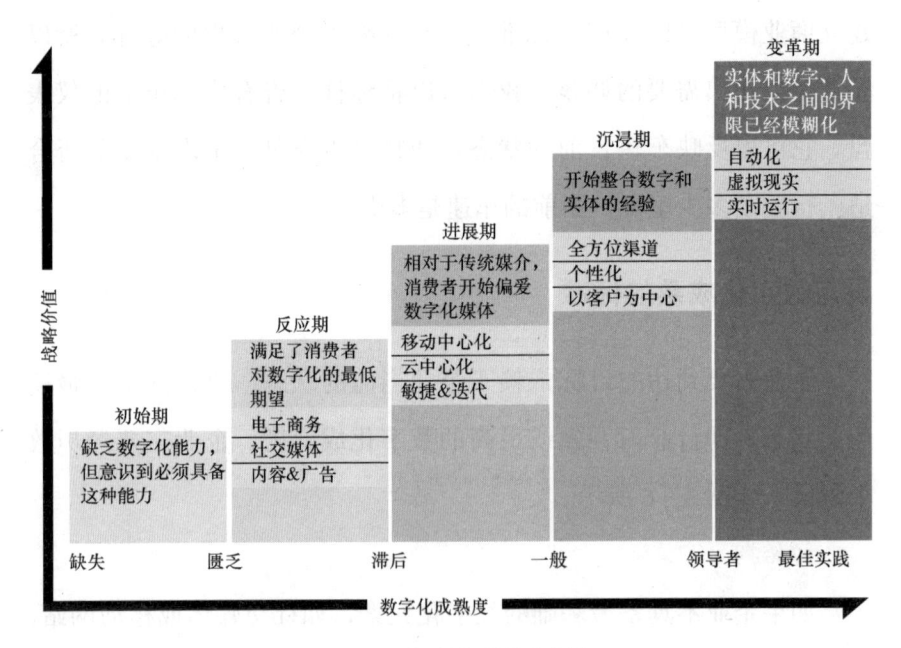

图 5-6 数字化成熟度量表

的响应一样。另外一种可能则是企业会停止这种被动的反应行为,并实施彻底的数字化变革。

进展期

处于进展期的企业在数字化成熟度方面处于正轨,但是这些企业仍然落后于行业领先的一些企业。这些企业通常应用移动优先的策略,严重依赖云技术,同时会快速移除已知的漏洞,消灭已知的瓶颈。这一阶段涉及数字化变革的投入,主要包括对企业已有的客户相关的数据进行积累与评估,并开发战略计划。这就意味着企业可以对市场进行研究,并建立完成企业目标最优的战略。这一过程包含了将数字化元素纳入企业,考虑企业的移动优先策略,并实施可以推动组织彻底完成数字化变革的改变。企业的主营商品或服务可能仍然维持原状,但在产品或服务的销售方式方面的变动将非常显著。

沉浸期

在这一阶段,企业基本实现了成熟的数字化应用,在数字化蓝图上相对于竞争者更能保持自己的位置。沉浸期的企业已经开始将现实世界与数字化世界相结合,为客户创建全渠道体验,并利用数字化工具尽可能为客户提供个性化的体验。

变革期

这一阶段的企业不仅仅达到了成熟的数字化应用,而且是行业内的领导者和创新者,因为它们擅长对技术的应用。企业的流程通常已经完全自动化,人机之间的边界也完全模糊。这样的企业可能已经实施了类似虚拟现实或无人驾驶汽车的技术,从而增强它们的服务。

每个企业都希望在它们的领域内成为变革期的企业,可以持续对商业运作进行变革。然而,达到这一阶段需要大量的时间和金钱的投入,也伴随着大量的风险。在指引其他企业改变商业运作模式之前,企业必须确认自身运作的方式是最有效率的。这一阶段是企业商业创新的最终结果。此时,企业了解技术,并通过技术的实施与客户以变革前不可能的方式进行交互。如果数字化变革可以妥善执行,这将使企业与时俱进,维持自身的竞争力。

衡量企业与最佳实践的差距

企业不仅需要观察行业内的领先者是如何完成数字化过程的，还要拓宽眼界，不能仅仅把目标放在竞争者或行业内部。企业需要集中在自身独特的客户体验与资源上，这可能包括企业的渠道、功能特性、生态系统、平台、流程和人。企业需要思考如何将这些因素融合，构建企业独特的价值提供方式。核心的是，企业需要确定什么是最重要的。

《哈佛商业评论》上的一篇文章指出，对企业所在行业最优的想法不总是来自行业内部。事实上，"从类似领域引入的理念可能是激进式创新的潜在来源。如果企业需要激进式创新，更应该对外部创新进行搜索，而不是行业内部"。

作者进一步提出了与直觉相悖的观点，即企业创新所准备的资源与自身行业距离越远，得到的想法越新颖。这种新颖性是更好的想法的来源。因为根据作者的说法，成功的结果来自于"那些不受职业内已有假定与思维方式限制的人"。所以如果企业需要寻找新的机会，可以参考我们一位同事经常和她的客户分享的格言："当巧克力遇上花生酱，十亿美元的生意诞生了。"企业要寻找十亿美元的机会时，可以在本行业外的什么地方寻找呢？

另一种获取创新性的观点的方式则是找到数字化变革方面的专家，同他们分享行业专业技能，并获得他们的数字化专业技能。这种技能的互补可以帮助企业发现自己在行业背景中很难发现的问题。利用互补资源的做法源于这一观念："你并不知道什么是你不知道的。"另外，作为企业的所有者，如果可以让企业与适当的数字化营销专家进行合作，可能会带来明显的效果。

专注于企业成功需要获取的能力

可以被分析的数字化能力成百上千，但是对于企业，并不是所有的能力都相关。例如，银行、医疗行业与零售商所需要擅长的能力截然不同。因此，企业只需要关注与行业相关的数字化能力。

定期衡量企业的数字化能力

当企业改变了自身的数字化能力或达到下一阶段所需的最佳实践时，企业需要设定的标杆也发生了变化。如果企业不随着时间进行改变，企业标杆设定的结果会不可避免地越来越差。为了追上不断变化的数字化世界，企业需要考虑日常的标杆设定过程（最少每年一次，甚至可能需要每季度一次）。

操作步骤

- 识别所有的数字化层次中对企业关键的数字化能力。
- 识别这些数字化能力的最佳实践。

- 识别在数字化方面企业的竞争者和期望模仿的对象。
- 将企业的能力与最佳实践和竞争者进行对比，在数字化成熟度量表上为自己打分。
- 指出企业在数字化能力上需要达到的数字化成熟度。

第 6 章 / Chapter Six

设想企业的数字化战略

当我们提到让企业战略脱离纸面时，并不意味着完全放弃了对战略的描述。在当今数字化世界中，尽管很多企业仍然使用传统的方式完成自身的商业运作，数字化行动的执行也已经有了更交互、更沉浸化的方式。

让企业战略脱离PPT，不仅改变了企业在组织内部实施数字化战略的方式，也改变了企业与他人交流数字化战略的方式。

当企业开始改变它和团队成员及其他利益相关者交流数字化战略的方式时，这些成员和利益相关者也开始接受并采纳新的交流工具。这样，企业就可以更熟练地开发与使用更新、更有效的战略和战术。由此，企业可以在内部建立一种更灵敏、在数字化方面更具有变革性的文化。

通过利用数字化工具实施企业行动，企业可以更迅速地获得更好的结果,因为企业可以删掉那些充斥着大量文字的演示文稿,同时建立可以更有效地吸引利益相关者注意力并被其认可的工作过程蓝本。进而,企业可以很大程度上减少战略计划与产品开发生命周期的时间。

为企业的数字化客户建立档案

建立新的模式来理解目标客户

数字化变革意味着企业需要对其业务的焦点、执行业务的角度和看待问题的视角进行调整。无论是使用自己的分析工具,或是使用竞争者的分析工具,当企业通过数字化的方式来接触客户时,企业所观察到的事实将发生改变。企业将试图理解客户会如何对待企业提供的数字化信息与传统的非数字化沟通方式。企业将用新的方式来看待客户;同样地,当企业开始数字化变革时,客户最终也将用新的方式看待企业。图6-1提供了一种新的看待客户的方式:建立客户的数字化档案。

客户是否使用智能手机访问企业网站?他们是否期望使用这样的方式?他们在不同的社交媒体渠道会花费多少时间?他们更偏好领英、推特还是脸书?他们是不是Instagram或Pinterest的活跃用户?对于企业的产品信息,客户更偏好来自电子邮件的信息还是来自在线研讨会?

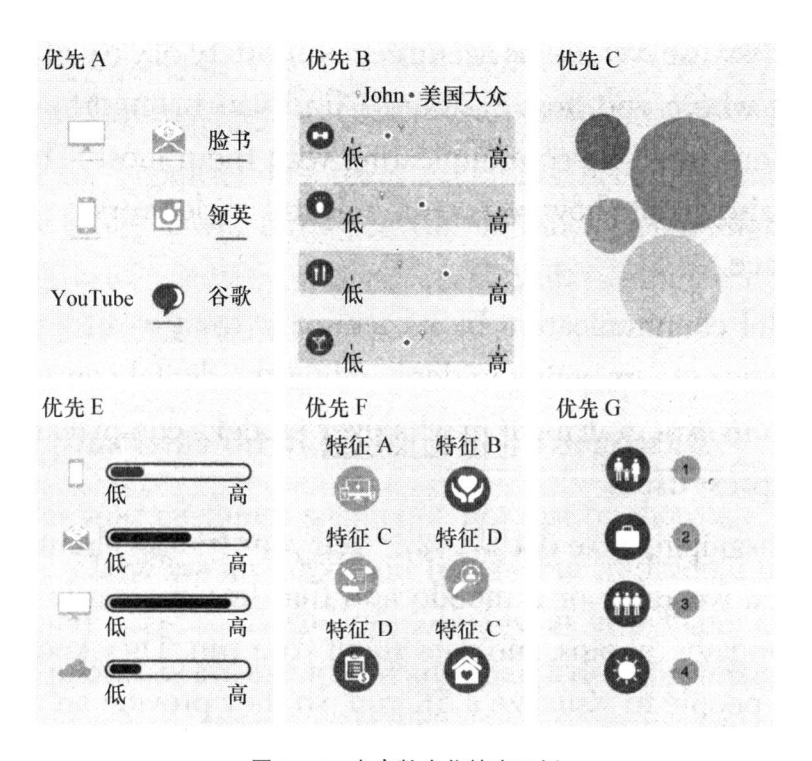

图 6-1 客户数字化档案示例

了解客户的偏好可以帮助企业确定与客户交互的传递渠道。在过去,企业可能会使用焦点小组访谈或问卷调查的形式了解客户如何发现企业并购买企业商品。现在,利用为客户建立档案这一新的模式,企业可以确定客户使用的接触点、渠道和设备,也可以积累关于客户的大量数据。对于企业,了解客户在哪里、用何种方式找到企业的信息十分重要,因为企业将利用这些方式更多地与客户沟通。这些渠道也将决定企业与外部沟通的主要方式,例如使用视频或移动应用。

从本质上，数字化沟通体现了我们所说的"可视可触"的概念。无论企业使用何种模式展示自己，对数字化沟通的了解都需要通过对数字化的体验。

例如，耐克并没有提出"向你的朋友宣传我们"的口号。它为用户提供了可穿戴设备和移动应用。通过设备和应用，用户可以很容易地向朋友发送关于自己运动状况的更新、照片和数据。耐克了解大部分人可能很难对5 000米跑有直观的感受，所以在应用中加入了电子地图。在地图上，用户的5 000米跑进度将随着运动的进行像霓虹灯一样逐渐点亮。用户可以一眼看见他们确实环绕中央公园跑了一圈，然后跑回了家。他们也可以将这一事实和选定的朋友分享。

现在企业可以使用大量的工具、应用和设备来激发顾客的购买欲望并为顾客创造惊喜，但为什么还有那么多企业继续使用"公司"的文本展示墙和PPT来与其他人交流企业战略呢？

思考一下，上一次你被PPT打动，想要大笑、庆祝或站起来跑一英里是什么时候？更重要的是，你上一次希望与他人分享一个PPT又是什么时候？还有，如果一个朋友向你发送了一条短信，邀你参加减肥竞赛中的一项挑战，你是否有动力回复短信，向他们表示"来吧"？

企业的客户可能很急迫地期望通过某种方式参与到企业之中，他们也可能在搜寻其他能够参与的企业。实际的情况将会是怎样的呢？

当旧时的沟通方式不再适用于现有成果时，使用可以创造新形式的数字化资产的工具对于企业而言可能是变革性的。这些工具不仅仅是企业的新玩具或看起来很酷的应用；它们是数字原住民的一代人（包括员工和客户）的沟通方式。

当企业的团队成员对这些新工具愈加熟悉，企业的组织文化将受到影响。这些工具将为企业带来更强的精准度，从而促使组织思维方式的变动，并最终导致数字化变革。

从数字化的角度对客户进行细分

企业往往会根据年龄、位置或收入对客户进行细分。这些因素很重要，所以传统的营销团队仍然会这么做。然而，企业也需要了解多少客户拥有手机、iPad、台式机或其他移动设备。企业也可以对数字化渠道进行扩展，从而发现可以引起人们参与的其他接触点。

同样，企业需要思考客户何时参与。客户是在旅游时（如旅馆、加油站或餐厅）还是周末（DIY、电影院、娱乐设施、俱乐部、酒吧等）需要搜索企业信息？是计划好的（牙医、医生、会计师等）还是冲动购买（零售店、娱乐设施、快餐店等）？

使商业目标与用户需求相匹配

让企业商业目标与用户需求保持一致，一个主要的步骤就是确认企业是为实际的用户进行设计，而非企业想象出的用户。

无论何时，企业在确定战略时都需要和企业目标相一致，否则企业将面临类似如下的状况：用户希望免费访问内容，但企业希望从内容上获取利润。《纽约时报》就发生过这种状况，当时它就在免费提供所有内容与所有内容均收费、不在搜索引擎出现之间犹豫不决。最终《纽约时报》选择了一种折中的做法：每月提供10篇免费文章，如果用户希望阅读更多的新闻或文章，就需要付费订阅。对于企业而言，这可能就是一种目标，即为了完成客户与商业目标的一致性，可能需要找到正确的平衡点。《纽约时报》就是一个典型的传统商业寻求转型的例子。

识别用户需求并使其与组织目标保持一致的过程首先需要建立并分析客户每天的旅程地图。客户如何发现企业？自然搜索还是付费搜索？口碑还是广告？作为领导者和沟通人员，员工希望企业可以在其他人之前发现重要的模式、趋势和商业机会。

客户希望并期待企业使用他们理解的、无缝的、便利的方式与他们进行交流。当企业让这种交流变得容易时，客户就会认可企业。如果企业可以和员工充分沟通企业的愿景，使得员工可以了解并期望成为愿景的一部分时，员工也会认可企业。如果让人们感受到自己在流程中的参与，他们也会感受到对流程的所有权。利用更交互的方式传递企业的愿景和战略可以让听众更容易接受。如果企业可以让人们以敏捷的方式接触流程，人们会更希望参与到流程中并贡献自己的观点和想法，因为他们感到自己的想法在最开始就融入了企业流程设计。

无论是向管理团队或是董事会展示企业战略时，可以尝试给他们提供可操作的三维原型来代替充满提要句和草图梗概的演示文稿。通过三维原型，听众可以实际体验设备或软件将来的状态。这种三维原型可能是可交互的图像、视频展示、从不同角度展示的三维样品，甚至是五颜六色的用来描绘提出的流程的"地图"。所有需要的只是一个可操作的、由运作良好的强大部件构成的原型，使得听众可以实际获取关于想法和战略的第一手体验。

通过在数字化开发初始阶段让管理团队或董事会通过可操作的原型参与其中，企业可以在这些人与设备间建立联系，促使他们期望看见设备的最终完成。这种体验也可以激发创新、想法和参与。当人们利用原型对设备有一定的了解后，人们可能会提出："是否可以加入这些功能？"或"我们是否可以做这些事情？"他们不再是被动地仅仅在场边观察，而是会开始理解企业的愿景，并参与到流程、战略与开发过程中。同样要记住，在研发过程中企业的研发团队应使用敏捷研发方法，这样迅速建立原型就不是问题。

建立企业客户体验的旅程地图

就像自然人一样，不同的企业拥有不同的旅程地图。然而，这些旅程地图都需要为企业提供不同方面的信息，包括客户如何发现企业、如何对企业的服务进行探索、如何决定购买企业的商品或服务。旅程地图也需要让企业了解为什么客户决定继续购买企业的商品或服务，以及他们是否会购买其他的商品或服务。尽管客户体验可能有很大的不同，但客户使用的模式和渠道会保持相当的一致性。企业可以通过一系列的步骤建立全渠道体验的旅程地图：

- 回顾产品或服务的目的。
- 搜集各种研究报告：访谈、调研、日志记录、分析工具和其他相关工具。
- 建立接触点列表。

企业的旅程地图与用户群体基础

企业的用户群对数字化的精通程度如何？企业可能没有意识到它的用户中，使用移动设备（智能手机与平板电脑）访问的用户比使用台式机访问的用户多30%。如果企业的网站上有很多需要下载的内容，企业可能会流失大量来自移动设备的用户，甚至完全失去这部分用户。了解企业用户的数字化使用档案可以帮助企业重新思考沟通传播方式与渠道。

基于用户的数字化使用档案建立的数字化渠道将使企业能够了解新的沟通传播系统是否更有效。如果客户更经常地通过移动设备访问企业的网站，企业就需要思考背后的原因。

例如，一些酒店与附近的餐厅、健身房与零售店进行合作，为旅客提供消费折扣。这就是能够让这些商家提高外地购物者的流量的渠道。

信息技术可以带来网站流量的突增，但媒体发布、名人代言、天气、灾难、电视剧或被著名的博客提到都可以激发这种流量的增长。那么，企业将如何确认自己的沟通传播系统对访问者达到了最优化的状态？

由于大量的数字化体验都是多渠道的，企业需要对用户旅程构建地图。利用旅程地图，企业可以重建并了解用户当前的信息体验，并识别改善或增强这种体验的方式。企业可以以用户当前的旅程作为基础，考虑以下问题：是否存在之前被忽视但现在有效的渠道？增加新的构成部分或渠道是否可以对信息进行增强或支持？多个接触点可以对同样的消息互相促进，从而导致更强的认可度。旅程地图就是要对内容进行可视化，无论是可点击的链接还是体验原型。对于企业的访问者，是否存在不同的路径，可以为他们带来更有意义的体验？

举个例子。耐克的分析人员发现，男性与女性用户对应用和用户旅程有不同的需求。由此，耐克修订了数字化行动，启动了耐克女性培训俱乐部的应用作为"Nike Women"网站的补充，利用各种锻炼与训练计划及相关内容为女性提供服务。耐克对战略的变更就是基于客户的旅程地图完成的。

企业需要不断对其用户群体进行研究。例如，Pinterest的女性用户量是推特的1.8倍，它的利润则是推特的5倍。对不同性别用户行为的监测并不意味着对性别的传统观念的强化，而是利用数据发现真正影响用户行为的因素。利用数字化工具持续对用户及其需求进行评估可以让企业对用户的数字化旅程有更好的理解。

识别关键接触点

接触点是连接企业与客户的关键因素。接触点的例子可能包括产品的包装、企业网站、在社交媒体渠道上与企业代表的聊天内容，甚至是走入企业线下实体店的体验。在接触点体验中，企业需要发现任何可以让客户发现、购买并对企业产生忠诚度的沟通点和机会。

了解并建立客户的个人形象，如他们的需求、目标、想法、感受、观点、期望与痛点，对企业是很有帮助的，因为这将决定企业期望客户在企业中耗费的时间长短。比如，购买杂货的客户将比购买汽车的客户更经常访问企业的网站。

企业需要为客户体验建立确定的时间表，可能是一天、一周、一个月或是一年。企业也需要考虑客户旅程中的感情因素，包括疑虑、挫折、欢乐、疼痛、遗憾，或是买家的后悔与名人的感受。最后，为接触点作记录：客户在做什么？在什么位置完成这些行为？客户是否会向企业发送电子邮件？是否会呼叫客户服务中心，提出问题或投诉？是否会在社交媒体上发表商店访问的体验？客户之间在什么地方以何种方式进行交互？客户体验主要是数字化的、实体化的，或是二者皆有？

识别和定义用例

企业的客户是如何与企业交互来解决问题的？对于企业，为客户如何完成购买或如何从企业或网站中获取需要的信息构建用例并建立对所有步骤的文字记录是必需的。用例可能包括下列行为：

- 谁在使用网站？
- 用户想要做什么？
- 用户的目标。
- 用户需要完成特定任务的步骤。
- 网站需要对不同的行为作出何种响应？

企业需要用易于理解的记录方式描述用例中的不同步骤。企业首先需要识别参与者（客户）与事件的基本流程，随后识别完成事件的特定步骤、不同事件的触发条件与事件不同的情境。肯沃西为此列出了下列步骤：

1. 识别需要使用网站的人。

2. 选择其中一类用户。

3. 定义用户需要在网站上执行的行为，每一种行为将成为一个用例。

4. 对每个用例，确定用户使用网站时事件的正常流程。

5. 在用例描述中描述基本流程。描述用户需要注意的内容，包括用户的行为与系统的响应行为。

6. 当基本流程描述完成，考虑其他可行的事件流程，并扩展用例加入这些流程。

7. 在用例中寻找共同过程，提取出这些共同过程并将其记录为共同流程用例。

8. 为所有用户重复步骤2～7。

当企业定义了所有的用例，企业可以将用户旅程与体验和企业的交流渠道结构进行比照，识别停止点、可能的死胡同、放弃点，以及成功完成期望的目标，如完成销售或对更多信息的要求。

定义企业数字化战略

企业数字化战略是为企业所有商业单元服务的商业战略，而不是为某一个商业单元服务。例如，银行包括信用卡部门、抵押部门、商业贷款部门等。抵押部门可能有自身的数字化战略，信用卡部门也一样。如果这些部门使用同样的数字化战略，但是部门之间缺少沟通，客户就需要访问不同的位置以满足自己的需求。这将导致持续的、较差的用户体验，尽管企业中已经存在某种数字化战略。

另一方面，如果企业可以实施将所有数字化部门集成为一体的数字化战略，用户将拥有集成的账户管理体验。用户可以通过一个登录名使用同样的内容管理系统管理他们所有购买、使用的产品。这种集成化的模式对企业十分关键，因为如果企业建立了重复的数字化能力，将不断流失客户。

企业数字化战略需要考虑企业提供的所有产品与服务，并将其组织在同一位置下。此时，企业将不需要建设重复的用户体验。在很多银行中都存在大量的重复单元，这些商业单元为了保卫自身的势力范围不断阻碍银行的数字化进程。尽管它们了解数字化成熟度的关键是产品的集中供应，很多银行仍然在数字化实施的过程中显得迟缓。

Gartner公司预测，到2017年，这种数字化商业竞争力的缺乏将导致25％的企业失去有竞争力的排名。更进一步，Gartner公司提到，那些认为信息技术与数字化商业是同义词的首席信息官与信息技术专家将显得思维僵化。

换一种说法，如果企业无法了解数字化战略的概念或如何使用，在数字化市场下，企业将无法获得成功。数字化战略不仅要求对产品或服务的彻底理解，还需要对数字化接触点、旅程地图、技术、分析工具与企业愿景和目标的彻底理解。在企业开始定义企业数字化战略之前，首先需要理解它。

下面列举了一些在确定数字化战略时需要考虑的内容：

- 从企业的数字化愿景和目标开始，让它们与企业目标保持一致。
- 对每个行动的影响设定衡量因素。
- 建立详细的执行数字化计划的流程。

战略可视化的重要性

"把它展示给我"是数字化世界中数字化用户的集体需求。他们并不满足于仅仅阅读或聆听企业需要发布的信息。在这个世界，企业可以将这些内容以视频、展示、播客、照片或交互图标的方式提供，那么企业有什么理由不为用户提供这些形式的信息呢？更好的方式则是让未来的用户与利益相关者拥有可以体验的、可操作的原型。如果企业对于有效的战略十分看重，也应当慎重考虑是否需要建立原型以提升开发过程和战略传递的速度。客户报告显示，拥有个性化的购物体验时，客户更可能花费更多时间与金钱。

如果企业的战略是期望用户重复购买自己的洗衣液，而不是尝试新的品牌，企业可以考虑在洗衣液瓶子上安放感应器，在洗衣液余量不多时发出提示。或者，企业也可以跟随亚马逊的领先战略，使用 Amazon Dash 按钮。无论是咖啡、狗粮、洗涤剂或是维生素营养品，当客户需要订购更多数量的某种商品时，客户就可以按下这个按钮完成购买。拥有可操作的原型将为企业建立自身战略提供帮助，因为企业可以发现与用户之间的更多接触点。

通过可视化的故事来理解和分享更多的细节

可视化是企业的王牌。数字化企业了解这一点，也正在完成从文本到图像的转变。这并不是说企业可以在第一天寻找一位设计师，让他画一幅图像就结束了。这也不是把所有企业提供的内容转换成照片和具有信息量的图像。可视化的确是一种有力的工具，但仅在它是企业战略蓝图的一部分，并传递了发自内心的令人难忘的信息时方有效。

企业仍然需要在战略执行中发现机会与其他因素，但最终，利用更加可视化的形式可以更好地展示这些想法。

利用战略框架

框架是战略主体的一种可视化模型。企业为数字化变革使用的战略框架应包括企业为建立独特出色的客户体验所需要收集或获取的基本工具。这里没有任何特定的规则，因为没有两家企业是完全相同的。然而，存在一些最佳的或是常见的实践方式。另外，每个行业也是不一样的，所以相应的战略框架也不一样。成功的数字化企业可以根据自身的数字化基因开发适合的数字化战略框架。例如，制药行业与交通行业、服装制造业或运动装备零售业的战略框架就截然不同。

建立快速原型

如何将战略迅速转化为现实

向人们展示战略比告诉他们战略是什么更有效果。根据 Social Science Research Network 的研究，65%的人属于视觉学习者，即从图像中学习的效果最好。为什么可视化元素在过去数年间有了爆炸式的增长？这是有原因的。类似照片和视频这样的可视化元素在社交媒体中被更广泛地使用，原因在于它们更加形象化。照片、信息图、图表和图解，这些元素都是为了让人们能够有一种"啊哈"的感觉而设计的。

充满文本的博客、白皮书和充满提要句的PPT更难以理解，也要求读者在理解信息时需要拥有或建立一个背景。此外，人们也需要花费更多时间准备和阅读。这也是为什么信息图、图表、照片和图解使用越来越广泛，而博客、文本和充满提要句的PPT逐渐消失在人们的视野中。

人类更善于观看利用可视化片断提供概念、事实或数据的信息形式，因为这种信息是由人类更具有创造力、信息加工速度更快的右脑所处理的。人类的右脑代表了人类感性的一面。当我们可以在感情上和信息进行连接时，信息就更具有力度，我们也将与交流的信息保持一致。

相对于通过听说来讲授概念，我们更倾向于通过可视化的方式观测一个概念是如何运作的。对于抽象的概念，我们无法在实验室或现场中用行动体验这一概念，此时，图像的演示可以为我们提供潜在的最有效的传递信息的过程。这也是为什么原型和演示比PPT的展示更能打动人心。

员工和客户如果能够了解企业的愿景以及对企业新产品开发前景的可视化展示，他们将更会接受这些内容。因此，企业的焦点在于让听众不仅能容易地看到企业的愿景，而且能体验这一愿景。为了更好地完成这一点，企业需要为数字化变革的认可建立新的模式，如建立可操作的原型、开发可点击的网站，甚至是简单的一个概念模型。

数字化是一种轻技术。也就是说，数字化要求在多个渠道中建立原型的过程尽可能容易。无论是网页的设计模拟，还是可点击、可操作的原型，企业都需要迅速地将概念性的信息传递给听众，使得听众可以更快吸收这些信息。建立 20 个制造中心是一个很难原型化的概念。然而，利用数字化技术，企业可以建立可点击的设计模拟、剖面图和三维透视图等。这些工具更全面地传递了不同视角的信息。原型的范围涵盖了从快速草图到复杂的、经过概念验证的、可运行的设备。在战略计划过程中实施快速原型，通过快速迭代的方式能够比建立充满文字的演示文件更好地完成任务。这一方式为企业战略提供了补充，也加速了战略被认可的过程。同样，这一方式也不需要使用设计机构冗长的流程。快速原型过程也可以保持参与者的参与度，使他们可以经常参与想法的产生。下面是大部分原型在一系列循环过程中需要完成的基本步骤。

使用草图

有多少伟大的想法最开始仅仅是写在一张鸡尾酒会的纸巾上呢？答案可能是有很多。最简陋的可视化内容也有其自身的意义。相对而言，草图的逼真性可能是最低的，与设计本身相去甚远。但是一张图片，甚至是在一小片纸上描画的概念都可能相当于千字以上的信息含量。

建立设计模型

设计模型要求企业利用设计师迅速收集网页的核心功能与元素。

让这些元素变得可以点击也是很有可能的。举个例子，像 Invision 这样的工具可以将接触按钮从网页的一侧移到另一侧。开发人员可以直接将静态的设计上传到 Invision 中，然后创建热点来将静态设计转化为交互的动画形式。合作者和客户可以在自己的设备上打开这些设计，也可以使用一些生动的功能用于群组间分享，如虚拟白板。

建立响应式 HTML 原型

建立响应式的 HTML 网站意味着企业需要将网站前台和后台共同建立。这不是在建立数据库，而是在构建访问者会使用的工具。由于移动设备使用的迅猛增长，网站中需要包括其他的沟通方式。比如，保证移动用户拥有满意的、直观的用户体验应当是优先事项。响应式 HTML 提供了一种在用户改变访问企业信息的方式时流畅地、积极地调整用户体验的方法。

数字化要求动态而非静态的计划过程

基于 PPT 完成的静态的、线性的计划通常是反应迟缓的，最终产品在网站上发布时也很可能变得陈旧，更不用说在社交媒体上发布。而动态的计划过程利用了循环更新的过程，允许企业可以在执行的过程中、事件发生时及情况变化时对计划进行调整、适应与变动。这种敏捷方法可以使企业领先于竞争者。例如，如果纳贝斯克公司在 2013 年超级碗比赛中坚持使用静态的计划，它们就不可能在超级碗球场突然停电时用推特发布那句著名的台词:"你在黑暗中仍然可以扣篮。"(此处的扣篮也有"将食物浸入液体"的意义,即将奥利奥饼干浸入牛奶——译者注)动态的计划过程允许企业充分利用周边发生的事件,而静态的计划过程则不能。

动态的计划过程认识到了关键的一点,即信息的传递模式也是信息的关键构成元素。动态战略规划的最终目的就是利用客户接触点建立所有重要的感性联系,从而带来客户的购买决策。

通过分析驱动企业战略

不要试图预先确定客户将对企业的数字化推广做出怎样的反应。无论企业认为客户如何直观,企业是无法预测他们的真实反应的。更好的方式是首先推出企业的行动,让真实的分析结果告诉企业下一步应当做什么或正确的答案是什么。现在已经有很多低成本、低干预的工具可以完成这些任务。企业已经不需要使用耗费大量劳动力的、十分昂贵的设计机构流程。

一些企业仍然在传统的设计机构上花费了大量金钱。我们曾见过一些企业花费 100 万美元仅仅为了设计两页网页。它们对商业战略缺乏反思。它们使用的机构可能是周边最优秀的机构,这些机构开发了一些全世界视觉展示上最美观的网站。这些机构的产品可能相当于一组天才设计师的工作,但是它们围绕设计工作建立了全套流程,这种流程需要花费大量金钱。

企业可能拥有世界上最出色的设计，但是如果设计中没有包括商业战略，企业将一无所获。设计是在产品确定之后的必需品。就像是选择正确的技术一样，可能有很多可行的方案，但是企业必须首先决定正确的战略。

在首席技术官或首席信息官中存在一些传统的观念，认为企业绩效差可能是由于缺少合适的技术，比如"我们没有合适的内容管理系统（CMS）""我们的网站界面不够友好"或"我不能获得我真正需要的数据"。不幸的是，在一些组织中仍然存在这样的状况。但是，大部分企业已经发现，商务数据分析更多的是一种战略性的、从上到下的事务。

大部分时间，这种不恰当的看法来自于组织内部的政治定位或团队框架的失败。例如，在一家大型出版机构中，首席技术官经常向首席执行官投诉其创意团队，导致首席执行官充满了焦虑，无法完成首席执行官这一职位原本需要着重完成的事务。首席技术官的这种做法出于寻求他人关注的目的，他希望让其他人了解到，他的所有项目需要成为任何人首要思考的事情。

数字化行动中的技术是到达终点的一种方式。它处于支持组织整体战略的战术层面。如果企业的组织战略是健康的、被组织内部认可的，设计与开发数字化战略以促进完成战略目标将相对容易。

在过去，建立高质量的数字化团队的过程中存在很多未知因素。然而，我们目前已经度过了数字化技术的婴儿期，甚至是青春期。当前的技术更加复杂，然而我们也更容易发现高质量的编程人员与设计师。相对于在技术方面做出调整，战略上的挑战更具意义。将商业战略与对用户体验的战略性思考联合起来，比网站上线或重新设计更具有价值。

战略的改变也带来了战术工具的改变。现在，商业更注重提出一些睿智的问题，如"根据我们可以看到的即将到来的改变，我们应如何对商业进行变革？""我们将如何定位我们的消息传递，以解决客户现在面临的问题？"相对于对商业本身的改变，发现如何在网站或移动应用上实施这些改变则要退居其次。在商业运作中，对状况、功能、流程的恰当评估会引发相应的战略决策制定，而信息传播系统的改变需要能够反映此类战略决策制定。

然而，在移动商务中仍然存在这样的问题："我们应使用移动应用软件还是响应式网站，或是二者皆有？""如果我们同时使用移动应用软件与响应式网站，二者分别需要包含何种功能？""如果使用移动应用，应当选择包括所有功能的单一应用，还是为每个功能提供一个应用？"

企业及其执行团队在这种争论过程中可能会受到极大的伤害。与其建立战略变革的三维模型，他们宁愿对每个提出需要建立应用、网站或其他数字化资源的商业单元进行管理。这种逐层的巨大转变可能会远远偏离任何形式的整体战略计划，导致自由落体式的失败。

企业不应当试图在执行层面对这些问题产生争论。执行团队的目标应当是定义未来的体验。一旦定义了愿景，数字化变革团队的职责就是决定这一愿景如何分解为不同的网站和应用。领导者的任务是定义目标,而数字化变革团队的目标是将这个定义转化为特定的数字化体验。领导者接下来的任务是对变革获得的信息进行评估,确定是否达到了战略目标,然后确定可执行的变动以达到与目标一致的可能的最优结果。

当企业采纳了这种顺序化的流程,愿景的实施则相对容易。通过对接触点、用例和旅程地图的研究,企业已经了解了客户如何寻找企业的信息并完成购物。这些信息将决定企业移动应用软件、网站与社交媒体扩展需要包括的内容。

企业的团队需要对用户偏好预先进行设计,如某个用户群是否只希望使用部分功能,而另外一部分用户只希望使用其他的功能。这就是战略机会与数字化用户体验的共同点。再重复一遍,对于领导数字化变革的企业而言,它们的目标是让差异化可识别以及自己的消费者能够体验到,而不是整个行业的消费者去体验。每个企业都需要聚焦在自身的体验、数字化基因,以及让它们变得可识别上,而不是复制别的企业在做的事情。

操作步骤

- 在商业战略规划过程中,数字化变革领导者是关键的参与者。
- 识别组织内可以持续或按需收集的资源,以形成快速原型团队。
- 为团队提出挑战,不使用PPT,而是使用可视化的方式展示下一个战略。

- 为企业的客户细分建立数字化数据点层级,以了解用户可能在何种位置参与到企业的品牌中。
- 为企业的主要用户体验建立旅程地图。
- 在社交合作或维基类的平台上发布企业战略,允许其他员工甚至客户对战略进行投票、评论,出一份力。

第 7 章/Chapter Seven
设定数字化转型的路线图

数字化转型如同一场旅行,而旅行就需要地图。使数字化和组织的其他战略活动协调一致是成功的关键,因此,为了保证数字化转型的成功执行,没有什么比一份翔实的数字化路线图更重要了。

数字化路线图的目标

数字化路线图有如下几个关键设计目标。

容易访问

很多公司编制了数字化路线图,提出了数字化战略,但从未进行过企业层面的整合。它们的数字化路线图在推出之初的那个星期会获得很多关注,但在接下来的一整年就会躺在人们的电子邮箱里被遗忘。路线图不应仅仅是一个待办事务列表或是一套每六个月才更新一次的数据报表,优秀的路线图必须是有活力的生命体。你绝不应该允许你的数字化路线图退化为一份僵化的、只是偶尔被检查的文件。正如数字化战略一样,数字化路线图需要从纸面走入现实。

动态化

在数字化路线图创建之后,你需要确保它像一个充满生命力的实体一样,跟你的组织保持密切的互动:随着你对组织数字化进程不间断的监控和调整,数字化路线图应做出相应的转换和变形。每当数字化战略有所更新,路线图应及时变更以调控数字化进程,而你的雇员需要能够全程监控这些变动。路线图应当面向组织全员发布并确保所有人都能评论和分享。

数字化路线图不应当在推出后仅一个星期就被锁进抽屉里忘掉。一个促进其走出纸面现实化的途径是将社交媒体的概念应用到传统的商业计划流程中去,允许和鼓励人们对你的路线图点赞、投票、评论和修改。路线图应当每周更新,及时反映你的愿景,成为连接你公司日常业务流程的一条不可或缺的纽带。在这场数字化转型的征途中,组织中任何人,无论是雇员、承包商或者咨询顾问,都不应该有"我不清楚我们当前在哪,将去何方"这样的心态。

社会化

一个成功的数字化路线图将企业的目标、战略和战术清晰地以可视化的方式展示出来，而这些对你的雇员不应该保密。公司每个雇员都应该有对路线图进行评论、建议和批评等互动的权限。如此则可以通过众包发掘好的创意，而组织所有成员都有机会主动参与和接受数字化进程，他们将会更加重视和投入。对组织的任何一项转型而言，仅仅制定最终目标是不够的，关键在于全体成员要根据组织愿景和路线图参与转型的进程。举例而言，如果你花费数百万美元推行一个以客户为导向的商业模式以达到高标准的客户服务水平，却没有对你的销售人员和客户经理进行相应的培训，该商业模式注定会失败。

可视化

　　数字化路线图应该具备多种强有力的可视化工具。可视化之所以重要，是因为其有助于人们快速地与数字化路线协调一致。可视化工具还能赋予雇员们多样化的视角来了解现状，从而促使他们积极参与到数字化转型中，并将转型在整个企业内部社会化。数字化路线图不应是一份仅具备单一视角的文档，而应该包含多层次、多角度的各类数据以阐明整个转型步骤。可视化工具对传达数字化转型愿景和创建一份可行的路线图至关重要，这一点怎么强调都不过分，可视化信息完胜数字、文本和二维数据。在数字化路线图上，转型终点目标可能包括数字化能力、最终产品的发布、阶段性工作的完成、成熟度的达成，以及实施流程等，这些都应当以各种可视化方式，如图片、照片、视频和信息图表等展示出来；人们可以很轻松直观地了解公司当前在路线图上的进度。可视化工具的应用最终是为了将数字化转型与整个企业协调一致，以保证企业获得最大的成功。

与业务和技术路线图协调一致

当制定了数字化转型的战略规划和可视化的转型路线，你会发现转型需要开发新的企业网站和移动应用，网站要具备高响应性以整合物联网传感器。营销方面提出了一系列的全新能力需求，其他职能部门也需要进行相应改进。仿佛就在一瞬间，企业面临各种各样的全新功能、工具和平台的需求挑战，这时，你亟须选派人员以实施想要的变革。如何创建一个能够完成这些变革的组织团队？没有预先制定好路线图，转型会非常艰难。你现在就需要专注于将你的数字化路线图和企业的业务及 IT 变革协调一致。

制定路线图应试图避免多任务并行，而是一次专注解决一件事；关注点可随转型进程更新，但关键在于确保路线图的一致性。很多公司的多项路线图存在交叉，没有协调一致，它们可能同时有客户战略和数字化战略，相互联系却难以彼此配合。你的商业战略规划和路线应当把数字化放在中心位置并安排人员统筹领导转型，基于此构建起由适应了数字化转型的组织内外部人员共同构成的合作网络。

易于理解

战略不需要过于复杂。我们知道一些商业战略使用了类比的方式，例如"Mint.com 健康管理"是和 Mint.com 的主营业务财务管理相类比的，其主营业务为客户提供便捷的财务账户情况汇总，使他们了解自己的收入、花销和投资情况，以更好地利用和控制他们的资金；相应地，Mint.com 健康管理是对客户的健康保险提供商做类似的事情。归根到底，数字化转型将会导致你不得不面对整个商业模式变革的挑战，你的组织文化、业务模型，以及同客户联系和互动的方式都需要革新。转型已经困难重重，最好不要再额外增加不必要的复杂度。

数字化路线图的构成

典型的路线图通常会展示数字化进程中需要达成的阶段性成果或成熟度，其结构组成如下。

按发布日期整理数字化方案

数字化转型规划中的时间跨度和分段都不难以图形的形式展示出来。你应当记录以下内容：预期中数字化转型里每个项目的内容，每个里程碑应在何时完成，有哪些功能和特性需要在哪个特定时间节点发布，阶段性关注点或成熟度在达成时应有怎样的水平。小型公司或可在数月至数年间达成数字化转型，大型公司则可能需要十年甚至更长的时间。转型如同长途旅行——或许这种说法过于老套，但事实如此。转型途中你需确保持续前行，而可视化工具则有助于改善人们的时间观念以保持其参与度和专注度。设置基线并根据各目标确立评价基准将有助于你预估转型所需的时间。

按类别对数字化方案分组

将数字化转型所涉及事项按类别分组显示于数字化路线图中，有助于人们既总览全局又不失对细节的掌握。

描述数字化方案的成本

数字化转型所涉事项均有成本，在投资数字化转型之前，应当核算清楚转型所需总成本。成本核算应从盘点现有资源开始，你可以将当前拥有的各项资源，包括人力资源、技术储备、文化、品牌、销售队伍、营销能力，以及客户数据等，和在转型过程中需要新获取的资源，进行比较分析。

描述数字化方案的复杂度

在数字化的成本之外，转型的复杂度是另一个需要考虑的因素，出于一些原因，如制度监管方面的压力，或者涉及的公司部门过多等，都会使某些数字化项目实施起来更为复杂。

描述数字化方案的影响力

有多少部门会受到数字化的影响？影响的方式、时间、地点和原因如何？这些都是应当以可视化手段体现在路线图中的。

描述数字化方案的优先级和特征

某些情况下,将数字化路线图中待实现功能详细列出以决定其优先级是非常重要的。例如,可能你会希望先着手实现一个优先级高、影响大的特性,而非一个优先级低、影响小的功能。将这种优先级的区别在路线图中进行可视化呈现,可以帮助参与者对项目的实现进行相应安排。

路线图始于数字化转型的启动,而数字化转型起步于创建相应的愿景并传达给所有公司成员。对愿景的支持始于组织成员对数字化路线图的全方位认可。你需要让大家了解并重视你提出的数字化转型项目的价值,而这正是动态路线图的意义所在:它以愿景为锚。如果参与者接下来的行动和你的愿景不符,不够专注或者偏离方向,你的转型进程亦会脱离轨道。

数字化技术与业务能力相匹配

有一点需要充分理解并传播,即数字化远不止于一个单纯的"信息技术升级"。数字化是一个无所不包的商业模型,需要由内而外贯彻以客户为中心的导向。对于数字化转型,既需要关注其进程,亦需要关注其目的。过程中可能涉及方方面面的改革,但其最终目的,一是增进客户体验,二是改善员工和公司之间联系和互动的方式。为达成以上目的,组织内部需要实施转型,也就是说,公司成员、业务流程和技术工具等都会经历程度不等的变革。一个常见的担忧是：技术、人员或流程是否能支持成功的转型？数字化转型路线图要为企业所有部门考虑好这个问题，需要展示技术发布情况，并综合考虑组织在当前和将来的技术能力。例如，你需要确保所需工具如技术平台或项目管理平台准备到位，以及相关人员被安排在正确的岗位上。同时，应当将为达成目标所需的步骤进一步分解为流程和战术细节。你的基线是什么？数字化转型对你意味着什么？无论你选择哪些技术，你都要确保从旧系统到新系统的迁移得到组织内部和外部充分的支持。

数字化路线图的观点

价值的量化

计算数字化转型的投资回报率总是异常困难，原因之一是数字化会对各方面产生影响。例如，在近年来迅速发展的移动应用领域，一份 Gartner 的报告预计，到 2016 年，有 75% 的移动应用会在没有商业案例支持的情况下开发出来。

进一步讲，技术的进步是如此迅速，以至于很多公司难以评估某些投资的远期潜能。这种情况在 3D 打印和可穿戴设备领域很常见，还有其他很多处于发展期的数字化领域亦是如此（见图 7-1）。

确定优先顺序

数字化转型的实施中，对每一项目进行评估的时机要恰到好处，

优先1	必要性	3年总收益	IT成本	投资回报率	平均质量等级
特征集1					
特征A	●		$744 317	−100%	4.0
特征集2					
特征A	●		$97 627	−100%	3.3
特征B	●	$137 988	$100 723	37%	3.0
特征集3					
特征A	●	$14 171	$17 200	−18%	4.3
特征B	●		$80 496	−100%	3.7
特征C	●	$451 360	$126 523	257%	3.5
特征D	●		$186 654	−100%	4.5
特征E	●	$180 609	$200 483	−10%	3.7
特征F	●		$5 588 314	−100%	5.0
特征G	●	$9 313 093	$175 990	5 192%	4.2
特征H	●	$1 338 004	$685 523	−74%	3.6
特征I	●	$175 082	$53 802	−100%	3.8
特征J	●		$275 578	−95%	3.7
特征K	●	$334 184	$214 450	3 069%	3.8
特征L	●		$12 384	10 704%	4.0
特征M	●		$150 603	16%	3.3
特征集4					
特征A	●		$483 492	−31%	3.7
特征B	●		$3 835 087		4.0
特征集5					
特征A	●		$29 859	−100%	2.7
特征集6					
特征A	●		$62 780	−100%	2.0
特征B	●	$2 083 422	$1 226 628	70%	3.3
特征集7					
特征A	●	$525 245	$734 393	−28%	3.6
特征B	●	$14 171	$357 975	−96%	3.6
特征C	●	$247 414	$91 573	170%	3.5
		$22 814 400	$15 532 487	47%	

图 7-1　价值量化矩阵

给它们足够的时间以评估其潜能。再次注意，如果所有部门都涉入其中，数字化转型会在整个组织内部传播风险。应当认识到，你应当最小化风险，并使它们充分发挥作用，将组织业绩提升到新的层次。你应当优先考虑专注于那些能提升运营效率或客户体验的项目，因为它们通常会带来最大的回报。

另一个确定优先顺序的方法是进行项目试点，比如你可以对一些有关移动计算和电子商务的数字化项目进行测试，跟踪其对决策分析的辅助作用以优化这些项目（见图 7-2）。

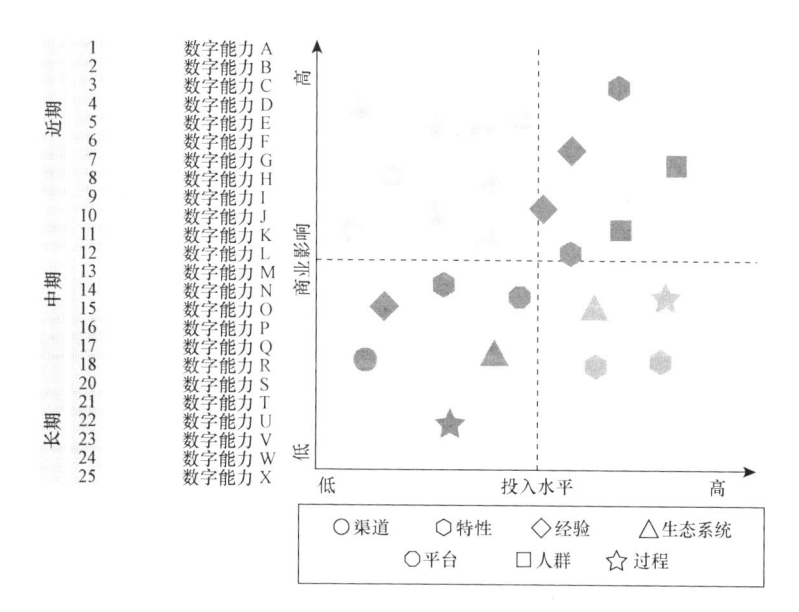

图 7-2 优先度的可视化分析

操作步骤

- 授权仅执行一份数字化路线图。
- 使用在线工具创建数字化路线图，支持所有参与者通过社交媒体互动。
- 组织论坛邀请外部人员定期对数字化路线图进行评审，以确保其符合战略需要。

● 确保数字化路线图和技术、商业以及市场营销的路线图协同一致。

● 对整个企业范围内的数字化成本进行预算分析，即使不由数字化团队负责。

● 将数字化路线图面向企业所有相关部门和业务单元社会化。

第8章/*Chapter Eight*

驱动数字化转型的组织能力

数字化转型既需要科学,又需要艺术,才能够将传统的商业模式成功转变为能在数字化时代蓬勃发展的商业模式。我们见过一些公司尝试各种不同方式以在企业内部"搞定数字化",成功者都是那些能够将正确的人员(艺术)和正确的流程及工具(科学)结合起来的公司。在本章中,我们将阐述公司应当如何建构其组织并应用正确的流程和工具以建立并扩展数字化业务。

不要急于讨论如何进行组织建构,在此之前很重要的一步是对组织原始构成进行分析:高层管理团队的成员组成是怎样的?有哪些人是对数字化已经完全适应的数字原住民,又有哪些人是还有一定隔阂的数字移民?举例而言,现在企业大部分高管出生于办公用计算机面世之前。对于这些人而言,他们进入职场时计算机还未成为主流,他们在不使用计算机的情况下有效地完成了任务。另一方面,现今进入职场的新人根本不知道没有计算机的生活和工作是什么样子;而在不太遥远的将来,人们可能连iPhone和iPad之前的世界都不了解了。但在那个时代到来之前,对于任何意图构建或增强其数字化能力的传统企业而言,了解每个成员对数字化的适应程度都是至关重要的。

2001年,教育学作家马克·普伦斯基发表了文章《数字原住民,数字移民》。文章探讨了成长于媒体无处不在的数字化时代的孩子的经历,他们需要一个媒体丰富的学习环境来保持注意力以更好地学习和成长。普伦斯基把这些孩子称为"数字原住民"。

由这个比喻还衍生出"数字移民"一词,意指那些生于数字化时代之前,在成年后才接触数字化生活的成人。如同刚迁移到新大陆的新移民一样,数字移民理解和接受数字化时代的语言、文化和礼仪,有着陡峭的学习曲线,他们需要适应新的思维方式以及同数字原住民的沟通交流方式。他们做到这些往往是很困难的,完全不能和数字原住民相比,或许有些移民做得比其他移民好些,但数字移民和原住民间存在明显的差别,尤其在商业领域更是不容忽视。在商业环境中,数字原住民和数字移民间的差异可能导致意识形态冲突、缺乏相互理解,以及关于数字化项目的沟通不畅等各种问题。

当数字原住民和数字移民共存时,他们在看待信息的视角、对沟通方式的偏好、对人与人和人与组织间关系的认识等方面会产生矛盾冲突。数字化转型的目的之一在于弄明白客户对你的品牌是如何发现、考察、了解、交流并最终购买的过程。正因为此,你的雇员必须能够充分了解、接受并利用数字原住民和数字移民之间的差异,以做出更好的数字化决策。

正如数字移民老师很难在课堂上教好数字原住民学生,很多传统的企业高管人员也是数字移民,同样难以理解数字化时代和他们所管理的数字原住民员工。

选择正确的数字化组织模式

公司关于其组织内部的数字化有一些基础性问题,包括:

- 谁"拥有"数字化资源?
- 数字化在组织内的立足点在哪里?
- 数字化团队和企业其他部门如何互动?
- 数字化业务的损益由谁负责?

有一种看法认为,若数字化是大多数业务战略核心的组成部分,那单独的数字化业务部门也就没有必要存在了。理论上,一旦公司包括高管在内的所有成员都是数字原住民,则整个公司都应当是能利用数字化来进行业务运作的。如何为你的公司建构数字化组织能力应当是和公司在数字化方面的成熟度以及数字化在核心业务中的重要性相关联的。公司在数字化方面越不成熟,越应当集中管理数字化;反过来说,数字化成熟度高的公司(如耐克)则可以分散管理数字化。对于由纯数字原住民组成的公司如谷歌和亚马逊,因为整个公司是数字化的,数字化自然就是彻底分散的。

图 8-1 中的理论框架展示了公司根据数字化成熟度建构数字化组织能力的常见方式。

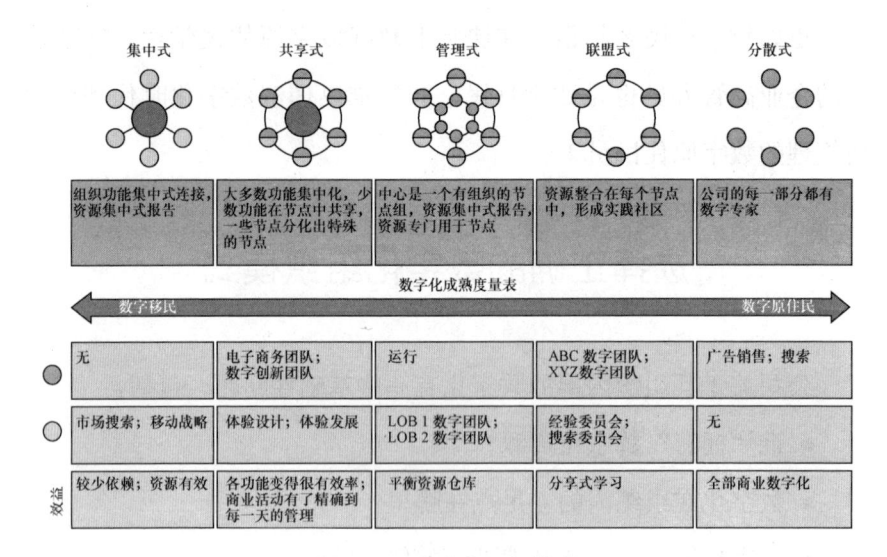

	集中式	共享式	管理式	联盟式	分散式
	组织功能集中式连接，资源集中式报告	大多数功能集中化，少数功能在节点中共享，一些节点分化出特殊的节点	中心是一个有组织的节点组，资源集中式报告，资源专门用于节点	资源整合在每个节点中，形成实践社区	公司的每一部分都有数字专家
数字化成熟度量表 ← 数字移民 ／ 数字原住民 →					
	无	电子商务团队；数字创新团队	运行	ABC 数字团队；XYZ 数字团队	广告销售；搜索
	市场搜索；移动战略	体验设计；体验发展	LOB 1 数字团队；LOB 2 数字团队	经验委员会；搜索委员会	无
效益	较少依赖；资源有效	各功能变得很有效率，商业活动有了精确到每一天的管理	平衡资源仓库	分享式学习	全部商业数字化

图 8-1 数字化组织模式

集中式

很多传统公司现今都在其组织内成立了单独的共享服务团队来运作数字化事业部。这些团队被称为"卓越数字化中心""数字化事业部"或者"数字化服务团队"。集中式意味着该团队负责公司所有的数字化业务职能，其他部门的数字化任务都必须通过该团队执行。这个团队一般由一位资深主管领导，向首席执行官或其他业务高管如首席营销官报告；越来越多采用此种架构的公司将此职位命名为首席数字官（Chief Digital Officer）。首席数字官应当被授予决策权、专用的预算经费以及其他所需资源，以分析并满足数字化创新和业务的一切需求。

共享式

在共享式模式中，各部门选择构建自己的数字化团队来负责那些和其业务联系最紧密的数字化任务，如产品管理、电子商务、数字化营销、数字化战略，以及数字化创新。那些较为功能化且难以确定具体部门归属的数字化职能，如用户体验设计和前端开发，则可能集中到一个服务共享部门。

管理式

在管理式模式中，各部门的数字化团队仍着重关注其所属部门的业务，如果其资源没有被充分利用，可以转移为其他部门所用。

联盟式

在联盟式模式中，各部门的数字化团队共同分配数字化资源并组成一个联盟，通常有一个委员会组织或者一个决策发起人来确保它们能跨部门应用最优方案并统一品牌设计规范。

分散式

将数字化能力完全分散或完全融合入组织中的公司，一般都是由数字原住民组成的公司，如亚马逊和谷歌。它们整个业务都是数字化的，因此没有必要维持一个集中式的数字化团队。

数字化业务的失败经常是缘于企业各部门经常互相争夺业务损益的所有权。对公司的数字化成熟度进行评估并确定数字化团队结构能够对很多问题做到防患于未然。很多公司采用了影子损益的概念，即数字化团队并不真正拥有数字化业务的损益，其所属部门拥有；数字化团队保留一个所谓影子损益，它们不在意收益或成本的增加，而是看重一个或多个部门中由数字化驱动的收益和成本。一些公司试图应用影子损益模式，但相较于建立一个拥有所有数字化收益的团队，这种方法实施起来十分困难，对很多公司而言并不可行。

此外还有其他类型的模式。例如，在联盟模式中，除各部门有自己的数字化团队外还可以建立一个类似卓越中心的集中式数字化团队；其他组织也有采用把数字化能力完全分布于各部门的分散式结构的。我们发现，如果一个组织选用了集中式数字化团队，则表示其选用了数字化成熟度最低的模式，即数字化团队是一个完全独立的企业部门。

在这种情况下，这些公司通常会设置一个数字化事业部，将其业务视为一项共享服务，负责所有部门数字化项目的执行；相应地，所有数字化业务人员都被集中到该部门，以相同的模式开展工作。此外，在有些公司中某个核心部门拥有最大的数字化团队，而其他部门规模较小的数字化团队则和这个核心部门联系。

如前所述，你为公司建构数字化组织的方式和公司当前数字化程度相关。公司的数字化程度和公司的首席数字官的数字化能力不是一回事，它更多取决于企业文化以及企业成员的数字化能力，同时也和数字化在公司业务里的角色有关。举个例子，从事自然资源挖掘的矿业公司的数字化结构当然和零售商的不同。因为对后者而言，数字化业务可能是运营的核心，从而也是整个公司业务的中心；而对于矿业公司，数字化能力是部分业务所需要的，跟核心业务没太大关系。

为你的公司选定正确的数字化组织架构是创建数字化团队的一个重要步骤。问问你自己公司是否需要一个完全集中化的数字化团队，这样其他部门的相关业务就都需要找它处理，就像它们有IT方面问题就去找IT事务部解决一样。员工们并不被允许直接接触数字化渠道或技术，而是一切都需要通过数字化团队，这种组织架构是你想要的吗？或者，你觉得公司业务模式更接近于零售业，从而将数字化能力完全集中化是不可行的，因为每间门店都会有数字化业务。这样的话，又该如何让门店运营者和数字化团队紧密合作？或许可以让数字化团队从门店运营成绩中分一杯羹，以激励其主动投入合作。

建立卓越数字化中心

为你的公司设计一份数字化转型战略规划是一回事，让规划真正落实是另一回事，负责领导执行的必须是一支强有力的团队，或者说,一个卓越数字化中心。

在当前的商业环境下一家企业想要稳固发展,光靠建立自己的网站和移动应用以及在社交媒体上维持存在感是不够的。真正的数字化领导者应当消除现实世界和数字世界之间的隔阂,在现实世界中通过可穿戴设备和智能设备等技术充分利用数字化能力。然而,公司在成为行业领导者之前,需要在多个领域进行广泛的转型:

- 组织架构
- 企业文化
- 数字化工具和技术
- 对数字化产品的关注从必备基础功能升级为完美用户体验

卓越数字化中心的主要任务是完成这些转型,它应当被授予转型全权并完全专注于数字化业务的运作。为增强公司的速度和灵活性,数字中心需要和公司在数字化领域的对手竞争,并需要做到以下三点:

- 将公司从传统的瀑布式开发模式升级为敏捷开发模式,强调对项目和产品的自适应性计划和持续性改进。
- 重构现有公司文化,设计一系列全面的路线图和行动计划以使静态的工作流程动态化,同时建立数字化支持者的团队,让他们为其他雇员提供数字化资源并向本行业以及数字化合作伙伴进行理念宣传。
- 钻研并采购最新的数字化工具用以改进公司的生产运营和内部运作。

任命首席数字官

2012 年，Gartner 预测 25％的公司会在 2015 年前设立首席数字官（CDO）的职位；然而，Forrester Research 公司的报告显示，到 2015 年，只有不到 1/5 的公司已经或者打算任命一位 CDO。据德勤 2015 年技术趋势报告，37％的公司将数字化战略定位为高管的职能，而 44％的公司仅委任资深副总裁、执行副总裁，或类似级别的职位来领导数字化计划，这是个很容易犯的错误。公司应当马上为一位称职且富有创意的 CDO 在高管级别安排一个单独的职位。商业和 IT 业的领袖们公认 CDO 及其职能对企业的重要性与日俱增。在 2014 年年初的谈话节目中《连线》杂志问道："2014 年是 CDO 之年吗?" 2014 年 11 月，TechCrunch 提出了类似的断言："每个公司都需要一名 CDO。" Raw Engineering 公司的内哈·桑帕特解释了 CDO 应"从整体上思考如何在所有数字化渠道，例如移动设备、物联网，以及日益重要的基于软件即服务（Software as a service，SAAS）模式执行公司战略，并为如何调和关键目标受众的数字化体验提供洞见和推荐"。CDO 在保证数字化和企业各方面的业务迅速有效地融合上发挥了关键作用，这无疑是非常重大的责任。

选择合适的 CDO 候选人

不是随便什么人都能胜任 CDO 的，尤其是考虑到该职位 20 年前甚至都不存在。很多公司犯过的错误是把没有多少数字化业务经验的高管放在了CDO的职位上，这相当于把庞大的责任托付给一个没多少经验而不能胜任的人。掌握了商务知识并不代表掌握了数字化技能，公司重新分配和安排职责的时候一定要设法弥补这两者之间的差距。

CDO不仅需要具备关于数字化世界的全方位知识，还需要设计并执行一套可以将企业或组织数字化的各个方面整合起来的愿景。不是每个人都能够问出正确的问题，而一个好的CDO应该能够促使一个公司或品牌进行持续的数字化创新，并消除市场营销和技术之间的隔阂。

现在，有很多人在其整个职业生涯中都在实体零售商的电子商务部门工作，但这些传统公司需要确保这些人不要就此故步自封。传统组织应当挑战自我，引进有较强数字化背景的新人才，辅以恰当的组织架构和激励机制变革，避免沉湎于现状。

与同级别的高管共担职责

由于CDO是高管团队中较新的一员，平衡好和其他较老资格的职位如首席技术官（CTO）、首席信息官（CIO）、首席营销官（CMO），以及另一个CDO即首席数据官（Chief Data Officer）的职责是非常重要的。基于公司各自的产品特征和商业模式，以上这些高管的角色会有所变动，有些较大的公司拥有所有这五个角色，而另一些公司可能将其职能压缩给两至三个角色。

首先让我们来看首席信息官和首席技术官。首席信息官是公司现有技术的指导者和问题解决者，负责确保公司在必要的技术和包括软硬件在内的IT产品上保持更新。而首席技术官则注重于识别并实施新技术，相比之下更偏向外部驱动，希望确保客户能够获得高质量和高效率的技术。简而言之，首席技术官负责外部运营和技术改进，而首席信息官的关注点主要在内部。

下一个是区分度最高的高管职位——首席营销官。首席营销官经常被称为一个公司的信息纽带，其职责范围覆盖销售、产品开发、市场营销，甚至客户服务。作为市场驱动的纽带，首席营销官必须和其他高管紧密合作以确保营销部门应用最先进的技术和策略来将产品或品牌推销给全世界。

首席数字官和首席数据官不仅仅共享了同一个缩写，也共担了部分职责。你可能已经料到，数据官提取并分析数据以供公司制定商业策略，因此他们必须懂得如何搜集信息，而且，更重要的是必须懂得如何有效利用这些信息。另一方面，首席数字官则负责从营销和技术两个视角对数据资产进行监管。

在许多方面，首席数字官的职责是首席信息官、首席技术官以及首席营销官卓有成效的组合（首席数字官未来有可能成为上述某一位高管的继任者），需要持续地改造公司的结构和战略，以确保它们能充分利用每一项新技术或者数据驱动服务。把角色和职责方面的小差异放在一边，请记住这些职位有一个共同的大目标——运用技术和数据改善业务。虽然某些职位更偏向数据驱动，而另一些职位则更偏向市场导向,现在的趋势是公司越来越多地把高管角色分配给那些能够将技术无缝地应用于企业整体战略和日常运营的人。

定义标准数字化团队角色

公司可以设立多个数字化团队,分别负责数字化战略、数字化营销,以及数字化产品等。图8-2展示了这些数字化团队的各种职能。

卓越数字化中心					
数字战略	数字营销	社交媒体	数字化产品管理	数字发展	程序化的办公室管理
专家战略	数字计划	社交战略&管理	产品管理	项目经理/产品拥有者	计划&治理
新兴科技	网站个性化	社交聆听	用户体验	前端开发	项目管理
商业战略单元	营销最优化	社群管理	可视化设计	内容管理	发行管理
教育&思想领导力	搜索		商业原型开发	测试&问答	资源管理
商业分析	内容营销		可用性		

图8-2 数字化团队的典型职能

这个完全专业化的部门将由一系列团队和角色组成,其中每一团队或角色都对特定的项目或产品负责。下面介绍一些卓越数字化中心的典型职能。

例子：数字化战略

司空见惯的情况是，你会发现你需要获得更多外部支持以施行你的数字化项目。因此，你需要开始寻找那些不止于专精单项而是涉猎广泛的战略家，重点是找到那些在数字化业务方面才能卓越的人，这比精通单项业务技能更重要。

例子：产品管理

你的数字化产品经理有没有做好准备紧密合作以共同推动数字化产品发布？如果没有，你需要设法让他们尽快达成共识准备合作。

你需要对企业成员的态度以及技能集合做好评估。组织是否有合作文化？雇员能否适应团队合作？他们能否在交流和磨合中完成任务？数字化的一项挑战就在于人们往往把时间过多地消耗在使用设备上，而在发展交流沟通能力方面投入不够，这将导致团队合作能力不足，尤其是当团队中数字原住民和数字移民并存时。要让每个团队充分认识到他们对全局要有自己的贡献。为确保产品体验的设计满足用户需求，产品经理要对每个产品负全责，让自己为客户发声，以帮助和指导设计团队。正如设计团队的职责是实现商业目标和用户需求，产品经理则需要善于发掘用户对每项产品的真实需求。产品团队成员的工作是完善用户的体验，他们决定了用户将如何使用你的产品或服务以及相应的使用感受，让用户按照他们的规划完成消费过程。

例子：数字化运营

数字化运营团队负责卓越数字化中心的顶层管理，其职责是确保从产品到内容的各项业务高效运作并准时完成。团队成员会分别负责优先级各不相同的业务，例如规章和监管、计划、维护、财务，以及质量保证等。

建立数字化人才库和文化

很多公司喜欢在把数字化业务完全外包和完全交由员工在内部完成这两个极端中互相转换。在这种转换中，它们把业务转包给经销商和承包商，然后内部裁员以节省成本；接下来它们又可能把所有业务转换为内部完成。这些频繁转换原本的目的是提升企业的数字化业务能力，但实际效果却往往是负面的。需要注意，将数字化业务转向内部负责和将IT职能转向内部建设是不一样的。

数字化转型需要企业内部和外包商都提供相应人才，这是因为企业内外部的数字化团队可以给企业带来不同的思维方式。外部承包商不仅仅是专精于数字化业务从而更加熟练，更可以为企业提供一个独特的视角来判断各种机遇和挑战。他们还对其他行业在数字化方面的流行趋势有更广泛的了解，知道哪些能被使用在你的战略中，例如，那些你所在行业还没人使用过甚或还没考虑使用的数字化应用。

数字化行业对人才非常有吸引力，因此，最优秀的从业者会希望做最有创新性的项目，追求挑战性和影响力。他们选择数字化行业是因为世界在变得数字化，工作不只是为了挣薪水，更是为了推动一个时代的进程。那些被顶尖公司渴求的数字化明星想要和最聪明的同僚共事，想要得到培训和指导，以学习和掌握那些激动人心的数字化能力。他们是为改变世界的希望所驱动的，而不仅仅是为了挣一份薪水，他们想参与这项伟大事业，取得一番成就。

不要以为单凭高薪就能招到最好的人才，要做好和其他公司竞争那些出色的数字化明星的准备，以获得他们的注意；为了得到一个和他们面试的机会，你可能需要有挑战性的项目、最前沿的机遇，以及特定的工作和生活环境。在历史较长、比较传统的公司里达成这些条件是比较困难的任务。

如果你是一个传统公司，也不在特定区域，你或许应该考虑将外包和自建内部人才库两种方式综合使用，如此可以引入那些你不可能全职聘用的高端人才，他们在做其他项目之外可能会喜欢你的项目的挑战性。对于传统公司的数字化转型项目，以外包人员的身份参加比就任公司中一个常设职位更有挑战性，更令人兴奋。

公司会犯的另一个错误是试图在本行业中寻找那些有数字化经验和特长的人，认为这有利于他们理解和融入公司及其文化氛围。然而，首先你所在行业的那些传统公司可能对数字化并不擅长；此外，他们很可能带来的是对你的行业甚或你的公司而言标准化的想法和思维方式，从而限制了你了解新创意、战略和模式的可能性。

引入外包人才的主要意义就在于为公司的数字化转型提供新鲜血液，带来新的概念、经验和创意。

相较于从熟悉的人中挑选，在那些不属于你所在行业的人群中寻觅人才是更好的选择，你应该找那些跟你所在行业在职能特征和运作复杂度方面类似的行业（例如，聘请电子商务或数字化医疗的高管就任数字银行的相关职位）。对于企业内部人员，找到最适合他们的位置非常重要，例如，是那些和企业运作关联较多的职位，还是那些要和行业外部相关联以提供新鲜思维方式的职位。举例而言，你的数字化战略团队的领导者，以及一些核心职位（视团队规模而定）应当由内部人员担任；聘请一位同时为多个客户提供数字化咨询服务的专家作为外部战略构想合伙人或顾问，也能让你的团队受益匪浅，他能够持续地为团队提供新颖的外部视角。或者，根据公司的业务类型和地理位置，把一些职位如用户体验设计师外包出去也是很好的选择。这些职位更多是功能导向而非业务导向的，所需要的人才也往往无法在偏传统的公司环境里成长起来；外包从业者由于同时为不同行业服务，能给公司带来更多创造性和独特的想法，而一般的传统公司是不会去培养这样一个角色的。因此，考虑清楚你是否有能力提供该职位所需的人才培养和成长的环境，否则将部分角色外包出去是一个值得考虑的方案。

人才发展和培训

为了让所有人达成共识以实施数字化转型，你需要如何进行人才培训？每个人在这方面的成熟程度参差不齐，协调他们步调一致是执行战略的关键一环。

远程利用全球人才

外包不是什么新概念，自从它变成了一个主流的商业常规，美国公司将技术业务外包给其他国家如印度所带来的挑战和问题就引发了无数争议。很多公司从节约成本的角度进行外包，然而省下来的成本却又消耗在远程沟通产生的问题（本地沟通也一样有麻烦）、不同时区导致的工作延误、和本地团队的联系不足等方面，以及为了解决这些问题而花费的差旅费用上。固然这些顾虑都是有根据的，但至少在数字化能力方面，关于远程团队的合作问题你需要更新由以前的外包经历带来的看法。

首先，数字化本身带来了很好的沟通工具来帮助远程团队保持联系和协作共事，无论他们是在同一幢建筑物的不同楼层，还是在不同的国家。谷歌 Hangouts 和 Skype 等基于互联网的视频聊天应用现在都是很廉价甚至免费的，其易用性、交互感远优于基于电话的远程会议。它们和其他可以用于数字化项目的实时协作工具（例如，设计用的 InVison，产品订单管理用的 Trello 等）一起，能够帮助你解决很多问题，以往这些问题会吞噬掉远程团队的优势。还有很多网上的人才市场如 UpWork，能够帮助你从全世界招募人才，你无须为组建团队而在本地自建网站。

另一个变化在于世界上涌现出了众多的人才供给地区，甚至人才的技能特长都开始有了地域特色。从数量和技能水平上看，印度当然仍是一个很重要的人才来源，但你也应该把很多其他国家和地区加入"人才池"。人才已经全球化。有些国家以供应特定专业领域或技能的人才著称，例如，很多公司和中美及南美国家（如阿根廷、哥伦比亚、哥斯达黎加等）专长于设计和前端开发的公司合作，取得了极大的成功；东欧的匈牙利和波兰等国家也以软件架构和开发人才闻名于世。

利用全球人才团队不要仅局限于产品开发业务，很多公司在数字化和市场营销业务如商务分析、潜在顾客开发、搜索引擎优化、社交媒体管理等方面也已经大力引入了全球人才。

争夺合适的数字化人才

在这个数字化的时代几乎所有职位都离不开技术人才，他们充满激情地追求最好和最富挑战性的公司与项目。因此，对于公司来说，在某些地区招揽人才变得越来越难。例如，在美国，数字化的人才集中在纽约和旧金山这两个城市，某种程度上奥斯汀也算。为什么？因为他们既是工作狂人又是疯狂玩家，因而会被那些自由、有趣而令人激动的城市所吸引，这些城市多在东海岸或西海岸。位于中西部的芝加哥实际上也是一个大的数字中心，但那里的一些公司就发现它们很难吸引到人才。

随着数字化的趋势在全世界越来越壮大，数字化人才也一直处于供不应求的状态。在这场人才争夺战中，公司在数字化竞技场上激烈地竞争，肆无忌惮地挖对手的墙脚。虽然有些公司互相签订了禁止挖对方员工的协议，但几乎没什么效果。公司之间对人才的争夺和互挖主要发生在东西海岸，开始变成那些沿海大公司的主要挑战。那些位于中西部、乡村地区，或者内陆的公司，情况又会如何呢？

公司要怎样才能吸引那些本打算去谷歌工作的人？很多传统公司以及某些特定行业需要且渴求那些最好的人才加盟，但它们和那些数字原住民组成的公司相比吸引力不足，它们又应该如何竞争人才？能不能争夺到那些被数字原住民公司所吸引的数字化人才？答案是有这个可能性，但需要你对这批数字原住民的人才主动适应、接纳并加强沟通，使他们相信你的公司致力于数字化转型并达成数字化卓越的决心。为了增强吸引力，你应该让年轻的数字化人才了解到，他们能得到比在西海岸公司更重要的责任和更大的舞台，还应该懂得如何激励他们以及如何跟他们交流沟通。

一个不断被研究证明的事实是，员工，尤其是千禧一代和 Z 时代的员工，主要激励已经不是经济因素。他们当然喜欢钱，但钱不再能提供足够的内部驱动了。能激励数字原住民和卓越人才的，是改变世界和周围人未来的可能性。

在他们的第一印象中，你的公司很可能不算一个他们想要去的数字化领先企业。这就需要你来改变他们的看法，说服他们来帮助你的公司成为数字化领先企业。传统公司必须找到自己在市场竞争中独特的能力、特色和商业模式，而这些是数字原住民公司所不具备的。同时，传统的公司需要展现自己致力于推行最先进的数字化变革的决心，以吸引数字化人才市场中的佼佼者。

建立数字化优先的文化

如前所述，数字原住民一出生就生活在数字化世界里，他们所知的一切都是数字化的；然而，他们往往也对数字化的时代背景及其在商业世界中的运作模式缺乏足够的认知。尽管如此，公司常常会有一种错觉，认为只需要雇用一批 25 岁的年轻人就能解决一切数字化方面的难题。多数传统意义上的核心级别高管均为中年人士是有原因的——他们有着在现实世界中设身处地实时解决问题的经验。年轻人和他们较为年长的数字移民同事相比，往往缺乏真实商务环境的历练以及必要的人际关系和沟通技能。

此外，还存在一些守旧的员工——出生在数字化时代，但由于种种原因不能适应甚至抵触数字化的人——他们不够与时俱进。公司应当如何融合不同的技能并对这几类在数字化接纳程度上完全不同的员工群体进行培训呢？这绝对是一件值得探索的事。

公司往往不知道如何把数字化和其他成分有效整合。我们观察到，很多公司的数字化团队成员普遍更年轻，而且对相关技术掌握得十分精通，但往往缺乏对公司核心业务的深度认识，于是核心业务部门也抱着多一事不如少一事的态度，不买他们的账。只有找到让这两拨思维方式不同的人精诚合作的办法，他们才能真正让公司更快地向数字化发展。

培养思想领导者

思想领导者可以在工程师或有远见卓识的产品设计师中找到；换言之，那些眼光超过他们当前的工作且能构想并推动新创意的人将会成为明天的领导者。他们也应懂得敏捷开发流程和迭代思想，并对数字化开发持开放态度。除工程师和产品设计师之外，在公司其他有影响力的职位上对数字化表现出开放和支持态度的人也可以看做潜在的思想领导者。

思想领导者可以培养出来，因此另一个选择是在全公司范围内开展数字化教育项目，看谁能脱颖而出迅速接受理解所学课程。项目可以被设计成利用午餐休息时间进行的互动环节或者是在线小课程，不需要是很长的正式课程。即使仅一两个小时的讲授来分享数字化转型的细节和益处，也足以增加公司员工的支持度，并帮助你在现任员工中发现人才和潜力股。员工将极大地受益于这种补充性教育。在实际工作环境中，因为担心公司期望他们早应该知道这些问题的答案，他们往往不愿意冒险问问题；相比之下，由于教学环境下没有人期望他们懂得一切，他们会更愿意提问。过往研究多次指出了这种补充性教育项目给公司带来的益处，开展它们会是正确的选择。

控制好数字化反对者的负面影响

公司应当如何对待那些持"做好现有工作就好"观念的人、不认可数字化的人，以及官僚主义的基层管理者？你也可以让他们人尽其用。例如，我们曾见过有些公司从各领域的员工中抽人来构建数字化团队，并获得了很大的成功。那些公司这么做或是因为不知怎么安置这些人，或是因为对数字化表现出兴趣的人缺乏必备的技能，公司觉得构建数字化团队最好是抽取那些熟悉自己业务的人。并不是说每个人都适合做数字化业务，也不是说你把那些现在对数字化持质疑甚或抗拒态度的人硬拉到数字化团队里他们就都能适应并成长——大部分不会，但有一些会。

公司要想成功地为每个员工找到最佳的位置，必须懂得数字智慧是一套单独的技能集合，不一定等同于业务知识、经验或智慧。举个例子，假设你是一名很棒的工程师，在一个工程导向的组织如摩托罗拉获得了升职，你在市场营销部也干过两年。你和公司都相信，由于你对公司的产品了如指掌又有营销经验，你应当能完全胜任数字化部门的领导职位。

然而，你凭借之前的技能足够应付新的职位吗？很可能不够，因为你还需要数字化业务的经验。这是我们一直观察到的公司会犯的错误：组建数字化团队时试图只从当前员工队伍中抽人，更有甚者只从营销部门抽人。

出于种种原因，公司还通常不愿意从组织外部为它们的数字化团队聘用领导者，也就是首席数字官。部分原因是来自外部的首席数字官难以驾驭公司政治。因此，公司有时会从内部选一位并不真正懂得数字化的首席数字官，但他的能力并不足以管理和领导数字化业务。这将导致整个公司利益受损,带来市场份额流失和财务衰退等严重问题。

有很多公司的某些部门并不一定是不认可数字化的重要性,但它们确实会不承认数字化的某些特定组成部分对它们的业务非常重要,它们想象不到现在数字化的影响几乎是无处不在了。有时矛盾就是这样发生的:数字化团队找到某部门说"我们需要上线脸书,因为所有人都在脸书上"。

而对数字化有抗拒心理的人会认为,社交媒体只是年轻一代人玩的。这里双方都错了。首先,现在社交媒体增速最快的一个用户群就是退休的老年人。部分原因在于,被我们称为新生代的数字原住民都在上面,每天忙着上传他们成长中的孩子的照片。所以,他们的父母,也就是那些孩子的祖父母,也热衷于去社交媒体上看他们的孙辈。当前这是驱动人们大批加入数字化世界的主要机制之一。

同时,另一个错误在于上线脸书并不是传统公司利用社交媒体的唯一方式,做一个脸书主页并让你所有的顾客点赞并不一定就是最佳选择。这些社交媒体上的数据对公司更有价值,充分利用这些数据,进行挖掘和分析或可帮助你搞清顾客的真实需求。

由以上的分析你应当可以学到如何从无到有地发展数字化团队。一个窍门是先找那些能把数字化在传统部门里落到实处的人,这是说服那些不认可数字化的人的唯一途径。简单粗暴地从全公司各部门抽调一批员工来组建数字化团队是行不通的,你需要的是懂数字化图景、知道如何在传统部门推行数字化的人。

在公司范围内实施数字化治理过程

实施高效、有效且灵活的数字化业务流程是确保数字化项目转型成功的关键。流程设计中很重要的一点是要保障公司的业务活动和运作支持以达成商业目标。在数字化的企业文化氛围中，应由专门的委员会或团队来创建、推行并监督执行数字化业务流程，但这些流程不应该是僵化固定的。需要什么性质、多大规模的委员会或团队来创建业务流程取决于公司的规模，以及公司现有和预期未来会有的数字化工作量。

数字化预算审批

数字化业务经费有时来源于多个部门，也花在多个部门。成立委员会以确保经费没有被浪费或低效率的使用是至关重要的，它可以核查确认相关投资和投入是正确的，权衡从不同部门聚合资金以进行更大投资的决策，并避免不同项目之间存在无效的重复投资。该委员会同时还能确保公司能够从其供应商和代理商那里获取规模经济优势。

数字化路线图优先级

在较大的公司中经常会有多个业务部门找到你的数字化团队提出各种各样的要求，你需要有一套优先级排序标准来决定谁应该先得到数字化业务经费,而不是"会哭的孩子有糖吃"。如果做数字化业务的人非常多,由谁来决定哪一项工作应该优先做呢?有太多的公司一年才调整一次优先级排序,然而有些项目等到经费批下来的时候已经错过了最佳时机。公司应当基于规模和所处行业,选择每周、每月,或者每个季度进行一次优先级调整。

在实际运作中,虽然预算是按年度编制的,但公司可以分配一笔无须提前确定用途的资金供数字化业务随时使用,从而更灵活地处理优先级调整和待办事项管理。需要灵活性的原因是计划往往赶不上变化,你得摸索着前行。想要在面对新趋势和机会时能够灵活有效地应对,则确定一套根据每月或每个季度的可用资源重新考虑公司的优先级调整规则是非常重要的。

数字化战略规划

战略不应当被束之高阁或者一成不变。战略框架可以是固定的,但执行细节需要根据市场环境变动经常调整。这并不是说战略要每月或每半年变一次,而是应该经常反思、讨论和改进,以免错过或忽略任何机会。

数字化成果评估

对于数字化战略的成果,应当有固定的考核或监控机制,以及持续的评估和交流讨论。不一定是要以会议的形式,但要给大家定期发送相应的报告;可以是网络会议或电话会议的形式,但是如同传统行业定期做销售报告或供应链报告一样，我们也需要做定期的数字化工作报告。

报告中覆盖基础数据如网站流量、跳出率、社交媒体各项指标等是很重要的，但不应满足于仅仅报告这些数字，而应提供一些更深入的东西。归纳了最关键信息的商务智能仪表盘工具可以帮助你做到这一点，将最重要的关键业务指标信息以可视化方式展示出来将有助于你深入理解这些数据意味着什么。对数字化中新项目和新技术带来的改进要及时跟进。

数字化项目沟通

全公司的积极参与是成功的关键，要让组织中尽可能多的部门投入进来。你需要一个好的沟通计划来确保数字化转型不失去动力。高管的积极参与比普通员工更重要，后者会以前者为榜样而跟随行动。记得运用各种沟通工具，如内部通讯、员工大会，或和公司里各种有影响力的人进行非正式的会议。好的沟通者是有数字化背景或者你知道会拥护数字化转型的人，其他合适的人选还包括深谙公司政治或对核心级别高管和普通员工都有影响的人。此外，还可以找公共关系管理能力强的人。

组织中真正懂得公司政治的人能够成为好的沟通者，他们知道组织中哪些人是关键人物，能够对其施加影响力。他们不懂公司形势，但知道如何安全有效地引导形势。有时策划者会对一件别人看起来不是很重要的事情上的所有细节考虑过多，一个思想领袖也可能过度纠结某些细节。有时项目的失败不是因为不能达成目标，而是因为未能保持人们的持续参与和关注；如果一个项目拖得太久，人们往往会失去兴趣和耐心。

最好的沟通者应该是组织中对数字化业务损益水平的改善负有责任的人。有时可能是首席营销官或首席客户官，或是对数字化损益负责的部门领导者。理想情况下，最佳人选是一个能轻松激励他人的天生的领导者。他应该有一点儿特立独行，有勇气承担仔细权衡过的风险。他不只能鼓舞人心，同时也锲而不舍，拼命工作，全身心投入一个能给他带来激情的目标。这些也是一个想引领变革的人最需要的品质，但它们可能比你想象得更加稀有。换句话说，在80%的领导者身上都不能找到全部或大部分这些品质，只有20%最顶尖的领导者具备。

沟通计划对于所有规模的组织而言都是至关重要的，对于较大的组织尤其如此。如果你希望改进你的组织运作方式，就一定要能够有效和高效地在组织中传达和沟通你正在做的、计划做的以及准备做的事。之前讨论相较于大型组织，小型组织能有多快的转型速度时，我们已经提到过这一点了。

大型组织不可能通过读一些书或者参加一个研讨会就把数字化转型完成得八九不离十，就算把转型所需的各种繁重工作都交给合作者也不可能变魔术般地一夜之间转型成功。但是一步步地获得进展是可能的。取得进展的一个关键因素是让组织中尽可能多的关键部门投入进来，达成这一点需要一个好的沟通计划。如同我们在做咨询时常说的，这意味着"把行动计划社会化"。对任何需要耗时多年的重大转型变革，你都需要一个好的沟通计划来确保推动变革往正确的方向前进；同时，你还需要公司领导层对数字化持之以恒地支持和参与。数字化转型需要时间，可能是三五年甚至十年，较小的公司至少也需要两到五年。要认识到这一点，并让你的员工了解转型是企业文化变革的重要组成部分，从而鼓励他们接受和支持转型，而并非感到恐惧。

操作步骤

- 跟外部专家合作以帮助你在数字化方面达到更高水平。
- 用心寻找合适的数字化人才，商业竞争所需的真正数字头脑不能局限于在企业内部挑选。
- 搜寻那些能把数字化在传统部门里落到实处的人。
- 为你的组织选择正确的数字化结构。
- 对人才、工具和流程进行定期评估，以确保它们处于最佳组合状态从而保持竞争力。

第 9 章/*Chapter Nine*

敏捷转型是实现数字化转型的关键

在数字化不断发展的时代，为实施数字化战略路线图，公司需要一个采用敏捷架构的组织。很多公司已经开始使用敏捷方式来进行数字化转变，一些公司努力地将精力集中在软件开发上。而事实上，软件开发中的敏捷思想可以应用到商业的很多环节中。现今大多数成功的行业都在不断进行整个业务流程的迭代。从战略、构思到产品开发，都是不断迭代的过程。许多公司的掌门人都在强调他们是敏捷的或者正在变得敏捷，而实际上，他们要意识到敏捷不仅仅是 IT 部门的职责，更需要在企业的经营理念和文化中做出改变。他们需要理解他们的业务在何时何地，需要以何种方式变得敏捷。本章的目的并不是重复已经明晰的问题，或是提供一个逐步实现敏捷项目的具体指导，市面上有很多书籍和其他形式的内容讨论敏捷项目实施的方法论，本章旨在让企业的高层管理者理解敏捷方法论的关键概念，并理解如何将敏捷方法论这一新的框架应用到企业的业务中。

敏捷方法论相对传统方法论的优势

许多公司认为自己是敏捷的，因为它们仅仅是从敏捷的字面意思来看，被敏捷这个词的定义所迷惑，而不是从真正的敏捷过程来看。它们仅仅认为快速地将任务完成或者"我们用更少的投入来完成同样的任务"就是敏捷，当然有时可能的确如此，但是真正的敏捷不仅仅是开发、发布、测试、得到反馈并提高质量的快速过程，而是一种持续发展的过程。

与传统开发长达一两年的等待期不同，敏捷开发使你在一两个月的迭代过程中看到目前项目的进展情况，而不是在整个项目建设完成之后。敏捷开发让你不必花费一年的时间来等待项目实施完毕，也不需要在一年之后才能对项目进行修改和返工。

通过在特定的时间段内发布产品，通常是2~6个星期，你能够在被称为"迭代"的一系列循环周期中看到、修改、测试你的项目。在项目进行的过程中，在每个周期里你可以持续对项目进行修改，直到满意为止。例如，本书的写作就是一个不断迭代重复的过程。这包括制定一个写作计划书，包括写作大纲，之后开始第1章的写作，然后是下一章，完成后还要将章节与原本的大纲进行对比。随着每一部分的完成，大纲也会随之进行修改，以达到更好地传达作者观点的效果。

敏捷管理采用敏捷软件开发（包括敏捷项目管理）中使用的方法，并且将这些方法应用到项目开发团队当中。这仅是敏捷思想的字面意思，它能够有效地管理人力资源、团队协作和项目开发。然而，敏捷不仅如此，它实际上还是一种创新和改良。整个敏捷革命在宣扬一套全新的价值体系，而不仅仅是一个流程。在未来，敏捷思想可以塑造出更多强大的团队，这些团队中的个体被充分授权，而不是单纯地为了按时交工或者得到更好的产品。以下是敏捷开发的原则：

- 个人和互动优先于流程和工具
- 工作软件优先于综合文档
- 客户协作优先于合同谈判
- 变化响应优先于计划遵循
- 实时决策制定和数据驱动视角

敏捷指人们基于共同的目的，首先处理企业优先级别最高的业务。敏捷开发一旦完成，人们以及开发团队成员会感觉到其中的乐趣与成功。这就是为什么公司一旦采用敏捷开发之后，全公司的员工都会喜欢上这一方法。图9-1显示了敏捷开发的优势。

在使用敏捷开发的方法实现数字化转型的过程中，每个人都有自己的原因。总体上我们认为是由以下几个主要原因驱动的。

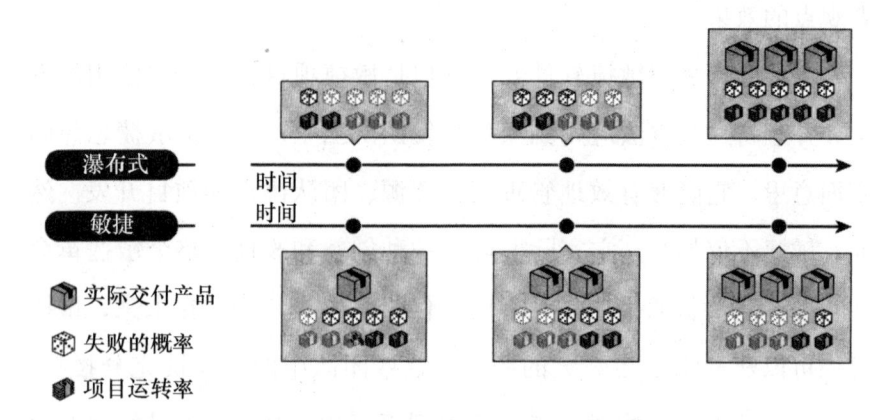

图 9-1 敏捷开发相比于瀑布式开发方法的优势

让你的企业/团队得到客户实时反馈

正如在第 6 章分享的案例，对于实际沟通的目的来说，PPT 所展示的东西毫无生气，因为只是专家单向地将自己脑海中的内容用滑动鼠标的方式进行传递。除非演讲人能够带着问题去展示，否则展示过程中基本上得不到观众的反馈，从真正的客户那里得到的反馈就更少了。

采用敏捷的方式，企业能够得到实时的反馈。敏捷的方法能够帮助你基于客户的实时反馈，构建正确的产品、服务和用户体验。你能够了解客户真正的需求，而不是自己坐在办公室里，一边拍脑袋一边臆想客户的需求。而且，你可以在修改产品或服务之后，立刻得到客户的再次反馈。

更快更准确地预测市场

对市场作出快速反应很重要，对市场的准确预测更重要。无论是开发商、投资人、咨询师，或是第三方组织，最终都会完成产品开发工作，而真正难的是几乎没有人能预见到它如何完成。敏捷开发会建立一种文化，使人们能够按照承诺调整项目进度，以保证项目的顺利开展。如果你不能在完成 A 之前开始 B 和 C 的工作，那么无论其他工作进行得多快都是没有意义的。因此你需要准确地判断 A 何时完成。准确的预测比速度重要得多，因为通过预测你能够更好地根据企业的战略和业务流程来协调项目的进度。

敏捷产生更高的质量

比买到垃圾产品更让人讨厌的事情是为其生产商工作！能够设计完美且创新的产品是员工喜欢在苹果公司工作的重要原因，而苹果公司完美地阐释了敏捷的原则。

敏捷的工具和流程使得各行各业的生产商能够为顾客提供更高质量的产品。敏捷意味着更好的汽车、更好的软件、更好的购物体验、更好的主题公园等。因为敏捷能够使团队更好地设计和开发产品，整个团队也会从好的产品中获得更高的士气，团队内部会形成持续改进和不断创新的工作氛围，这样的良性循环会使团队更加专注于提高产品的优越性，从而实现客户、公司和员工的多方共赢。

敏捷带来更高的回报率和更小的风险

当你的公司对某种资源进行投资时，什么是最重要的风险与利益考虑因素呢？技术、人才、资本，还是软件？一个高的投资回报率，意味着回报会远高于投资，这一点是每个投资者都想要的，然而并不是每个投资都是有保证的，除非你使用敏捷的系统。敏捷开发会评估早期的回报率，并且减小相关的风险，因为敏捷不会把风险当作需要额外考虑的事项，敏捷就是一种很有效的风险管理机制。

当你在一个项目的最开始阶段得到反馈，你能够有效地减小生产错误产品的风险。通过对于产品早期蓝图的结构性评价，你可以提前知道产品是否能够及时交付。通过持续的集成和构建没有瑕疵的软件，你可以很轻松地在产品上市前规避产品不正确的问题。

敏捷是高效的

商业活动在很大程度上还是各自为政的状况，这意味着在诸多领域依旧存在效率低下的问题。尤其是当组织内部的成员，在精神上看上去很投入，实际上却是各自为政，将有用的信息相互隐藏。在这种情况下，他们知道自己已有的商业模式和战略，彼此之间却缺乏合作。他们了解自己在花费时间完善文档、传递报告，这些看上去并不是那么重要的任务。

而敏捷可以帮你减少冗余，使你变得更加高效多产。这样你就可以从容面对日常工作，适当地发展、扩大每天的收获。敏捷也可以有效地减少拥塞，减缓或者解决日常麻烦，它使公司和员工能够全身心地投入到开发能够改变世界的新产品当中。

利用常见的敏捷概念

实际上有很多不同的敏捷开发方法。你可能听说过像自适应软件开发（adaptive software development）、敏捷统一流程（agile unified process）、极限编程（extreme programming）、精益软件开发（lean software development）、看板（kanban）、Scrum 等术语。它们的核心概念是一致的，只是对具体细节有不同的体现。在业务流程执行过程中，我们经常使用如下几个概念。

冲刺或迭代

敏捷开发融入了冲刺或迭代的思想，将整个项目分成若干可以重复实现的"冲刺"周期。每个冲刺将项目分解为更易于管理的模块。已经完成的模块作为持续评价的基础，随着项目的进行进一步改善项目。迭代周期可以是 2~3 个星期，可以根据项目的复杂程度由相关团队进行适当修改。并不是每次冲刺产生的结果都能够直接为最终用户使用，但每次迭代都会有其值得肯定的部分提交给领导来促进项目最终目标的实现。这些短小的周期能够使团队得到及时的反馈，从而可以做出相应的改变以防止项目偏离目标。

产品负责人

产品负责人是整个项目中最重要的利益相关者，通常由来自营销或产品管理部门的人员担任。当然也存在其他项目的管理者或组织内的其他管理人员来担任的情况，他们往往是项目的创建者或直接用户。

Scrum 开发团队

一个 Scrum 开发团队通常由 5~9 人组成，但是一个 Scrum 开发项目可以很轻松地达到上百人的规模。不过，Scrum 开发很适合单人团队采用，而且经常是这样。Scrum 开发团队不包括传统软件开发中的任何角色，没有程序员、设计者、测试者或者架构师。团队中的每个人都努力在一个冲刺周期内共同完成已经收集好的一组目标。Scrum 开发团队会产生深层次的工作情谊，并且始终有一种众志成城的感觉。

Scrum 主管或项目经理

Scrum 主管负责确保整个开发团队尽可能地高效。Scrum 主管帮助团队使用 Scrum 流程，移除阻碍流程发展的障碍，保护团队不受外力的影响等。

产品订单列表

产品订单列表包括满足所有要求的首选项列表和对产品计划的修改列表。有时候也会包括冲刺列表来展示在迭代中完成各项要求的情况。

冲刺计划会议

在每次冲刺的开始，相关团队会举办一个初始计划会议。在这个会议中，项目负责人会对团队展示产品订单中最重要的项目。Scrum 团队选出在这个冲刺周期中能够完成的项目。这项工作同时也就从产品订单转移到冲刺订单中，后者就是整个团队要在冲刺周期中全力完成的项目列表。

每日例会

在冲刺或迭代周期中，团队每天会开一个 15～30 分钟的例会，用来设定每天的工作任务。例会使团队按照计划完成任务并保持积极的态度。所有的团队成员都要出席例会。

冲刺总结会议

在每个冲刺周期的结尾，团队成员会聚集在一起展示初始计划的数字化设计所完成的功能，在这个过程中，他们只是手动展示新的功能而不需要使用幻灯片。

迭代回顾会议

在迭代的结束阶段，团队成员会聚集到一起召开项目的回顾会。产品经理、项目负责人和整个团队成员会对工作的有效性进行评估，并决定是否通过一些改变和其他补充措施来使以后的工作更加有效。

编程马拉松比赛

推特最开始只是一个编程项目,并不是人们有意识地组成的一个"生意",也没有筹集资本或形成商业计划。只是在 2006 年的一个编程比赛中,一群设计师和程序员想要测试是否可以同时发送标准文本给很多人。他们通宵工作,累的时候小憩一会,在完成项目原型之前未离开过工作室。团队通过努力最终实现了产品的创新。

利用敏捷工具

敏捷的方法已经改变了软件开发的格局,每一个这样开发的成功,都会促进敏捷方法向上游产业的扩散,最开始是产品设计,之后是产品战略和市场营销领域。如今,沉重的生产管理和项目管理的流程和工具都开始被敏捷方法所取代。具有前瞻性思维的团队正遵从 80/20 原则采用一系列轻量级的工具。他们只关注真正必要的功能并致力于把这些工作做到直观极致。可能的话,他们更希望在自治的环境中工作。

关键点并不在于给你提供具体必需使用的工具清单,或者对所有可以使用的工具进行评价。你的组织可能会有数百种应用和开发平台用来开发业务数字化产品。在接下来的章节,我们将会列出你的团队应该考虑使用的工具。尽管这些工具的开发更新周期通常很快,我们在本书中介绍的几个例子虽然在写作时是很常用的,但很

第 9 章 敏捷转型是实现数字化转型的关键

有可能在读者读到本书的时候就已经过时了。

甘特图依然是项目管理领域强有力的工具。如果你需要使用甘特图进行项目计划，使用像 Smartsheet 电子表格管理软件是一个不错的选择，它具有很高的可视化操作与相互协作功能，是传统复杂企业管理系统很好的替代。可以考虑使用项目与事务跟踪工具 Jira 记录开发日志，并结合任务清单管理工具 Trello 进行上游产品的项目管理。许多曾经使用 Basecamp 这款基于云服务的项目管理软件的团队最终会发现像 Slack 平台这种企业沟通协作平台更加人性化。

操作步骤

- 确定组织中的变革拥护者。
- 创建沟通计划。
- 在领导团队建立敏捷冠军。
- 推出教育计划寻求支持。

后记

数字化趋势加速推进数字化变革的实例

有很多伟大的科幻小说作家能够相当准确地在他们的作品中预言未来几十年或者几个世纪之后的科技发明。我们称他们梦想家或当代先知,因为他们拥有令人难以置信的诀窍能够准确地预言未来的科技。他们成功地实现了对互联网和众多正在影响社会进步的科技预言。

儒勒·凡尔纳虽然没有全景描述飞船是如何被加农炮发射到月球上的,但是他确实在1865年的作品中描述了太空旅行。之后因为提出"机器人学"一词而备受赞誉的艾萨克·阿西莫夫,在成功地为《星际迷航》担任科学顾问后,被美国国防部高级研究计划局邀请加入其工作,而阿莫西夫因为担心签署了保密条款就没办法再继续科幻小说的创作,拒绝了该机构的邀请。下面这个例子的主人公是拉迪亚德·吉卜林,在莱特兄弟完成第一次飞行的两年后,即

后记 数字化趋势加速推进数字化变革的实例

1905年，拉迪亚德·吉卜林就在其小说《夜间邮件》中描述了如何用飞机在世界范围内投送包裹。

最后，来看尼尔·斯蒂芬森的例子。他在小说中描述的未来数字世界中，人类和其数字化身面对面共同存在。他在1995年的小说《钻石时代》中准确"预见"了许多当代现实生活中的技术和发明。小说中描述了大量的现代科技，涉及机器人学、神经机械学、网络城市，甚至是植入人物颅内的武器。1999年，在小说《编码宝典》中，他的焦点关注在代码破坏和编程技术上，甚至准确引入了一个"数据天堂"的概念，15年之后，我们叫它云。

无论你是否阅读科幻小说、关注博彩行业的未来，或是趋势网站的预测，比如TrendHunter.com，你都有可能捕捉一丝未来的信息，预测到未来可能会发生的事情。

基于过去的经历我们已经知道，数字化进程的发展往往伴随着削减、重新定义一些岗位，甚至是某些工作的彻底消失。与此同时，这些革命也会产生更多的工作，更有可能跨越社会阶层提高人们的收入。就像亨利·福特的流水线减少了对熟练人工的需求，但是也同样产生了对于技术工人、工程师和修理工人的需求。如今，我们比那些伟大的科幻小说家能更好地预言未来，不过，我们更愿意和大家分享在下个十年里最可能发生的若干趋势。关注这些趋势可以帮助你的组织在数字化转型的道路上占据先机，获得提前采用数字化趋势的益处。

工业物联网

物联网为机器提供了一个数字身份，并且提供了互联的机会。与社交网络相似，网络中每个机器的身份识别码就像一份个人剪影或账户，允许与其他机器发送数据来相互沟通。这些大规模的可沟通设备堆积起人类可获取与分析的海量数据，使我们洞悉那些原本无法获取的在不同地点和系统中的信息。随着这些目标需求的增长，全球物联网会使我们以更快的速度获取更多的信息。物联网技术具有不可估量的商业发展潜力。

被称为智慧工厂的工业中心，采用物联网技术来管理工厂的各项活动。通过没有人类干扰的单纯的机器间沟通，物联网内的各个部分的关键信息被采集并分析，同时自动做出相应的调整，以达到效率最大化。这个系统还能识别出工厂的"停滞时间"，并适当调整工作流程的顺序和持续时间，防止原材料的浪费，检测并避免产品深加工前的缺陷。简言之，改变了工厂生产运营的方式。

例如，像苹果手表这样的可穿戴设备就是物联网直接接入消费者日常生活并获取数据最好的机会。戴在手腕上的设备总是能够比智能手机或平板电脑更好地捕捉消费者的需求，因为前者几乎总是消费者触手可及的。而且，前者可以获取更有价值的数据，比如用户的心率。像Fitbit公司提供的智能手表可以记录用户的心率、位置、每天的步行量。这些都是可穿戴设备和物联网实际应用在健康领域的很好例子。将这些数据提供给医生，他们就能够根据数据及时为患者提供预警，例如预防心脏病发作或中风等，确保他们身体不适的时候身边有人及时照顾或送医。

对于零售业来说，物联网的潜在价值体现在将风险最小化。比如，对于实体行业销售来说，机器之间的互联可以系统化销售流程并通过收集数据来优化流程。像 Payless 这样的公司，可以在每双鞋上放置一个退货即激活的电子签名，这使 Payless 能够及时掌握哪些鞋子被消费者退货以及退货的原因，降低将来更多的退货风险。这种方式对于严格意义上的网络零售商同样适用。亚马逊就可以通过这种方式监控每个数据仓库来增加供应链的价值。一旦系统容量达到存储的极限，并且产生过热，仓库中的传感器就会自动报警，这些温度传感器会启动风扇使传感器降温，确保在关键时刻公司的服务器不会崩溃。

西南航空公司利用新一代传感器得到的空气湿度数据比美国政府的气象气球系统每天两次提供的数据还要精准。当数十家其他航空公司在某年的感恩节根据美国气象局的数据取消航班时，西南航空继续了它的航班。根据安装在飞机上的 87 个传感器的数据，西南航空的首席气象师表示，美国气象局预报的冰雹是不可能的，因为天气没那么寒冷。事实证明，西南航空是正确的。每年因为航班延误给航空公司造成的损失高达 80 亿美元，所以掌握天气情况非常重要。这些传感器如今依据天气条件准确判断是否需要为飞机进行除冰操作、是否适合降落起飞，就能够为航空公司节省数百万美元。

当大多数公司还在考虑是否需要进行数字化转型时，实施了数字化转型的公司通过将物联网融入企业的发展战略，已经快速拉大与竞争对手之间的距离。就像消费者的物联网（包括车联网、智能家居和可穿戴设备等），工业物联网也会创造出更多新颖复杂的工作与产业，并最终通过其社会经济作用阻碍消费者端的产业发展。传感器的出货量（物联网的关键指标）已经猛增5倍，从2012的42亿美元达到了2014年的236亿美元，标志着产业变化正在发生。工业物联网将会比工业革命影响更多的业务，显著地改变经济环境中的每个部分，包括制造、能源、运输和农业到每一个具体的工业环节。你如今可能已经应用了工业物联网的一些方面，但是你能从中得到所有的价值吗？你的价值链能够应对为世界带来数字化服务的物联网所带来的转变吗？

物联网同样也实现了按使用付费的模式。例如，我们看到有的保险公司为驾驶员提供的应用软件可以实现根据驾驶的数据为汽车购买保险。

大数据可视化

大多数公司都面临一个共同的问题，有海量的数据却不知道怎么使用。当今社会，每个组织的日常经营活动几乎都被追踪并记录，这也意味着价值链中的每一个环节都有数以百万计的原始数据。这样庞大的数据毫无疑问是有用的，但如何处理也是一件很困难的工作。

大数据可视化帮助你以最有效率的方式传达最重要的商业发现，这样你的主管和客户可以花费更少的时间来汇总数据，而将更多的时间投入到发现商业价值并实施具体行动。

实施大数据可视化的目的是有效地结合数据分析工具，使多个用户更好地诠释数据的价值，并为他们提供更好的预测能力。可用的分析工具包括社交媒体以及视频等。挑战在于如何在需要的时候使用这些简单、自我服务的工具。

除此之外，数据可视化也会培养商家与用户之间更紧密的关系。你对实施数字化投入得越多，从中学到的就越多，包括建立一个反馈循环使你持续地掌握内容营销和数据分析战略。

这个领域未来的趋势将会是以实时报告、应用程序为中心，以帮助用户更快更好地制定决策。

通用流媒体

消费者越来越倾向于使用流媒体（租赁）相关的服务。人们开始厌倦使用书柜、CD等传统的存储设备。人们更愿意直接与服务提供商建立基于订阅的服务，从而抛弃光缆的束缚。

在最近的十年里，流媒体的影响之广，已经不是一家公司或者一个行业能够代表的。网飞成功地战胜院线大片就是最有力的证明，而 Spotify 等流媒体服务公司提供的在线收听而非下载服务，成为传统购买方式外的一种替代选择。

曾经用 iTunes 改变过音乐产业的苹果公司正在谋划通过流媒体技术推动新一轮的变革。通过人工选择歌曲列表而不是使用传统的算法来提高歌曲搜索的效率，实现与 Spotify 等流媒体服务提供商的差异化。苹果不是第一个让歌红人不红的音乐制作人获益的公司，它也会紧跟 SoundCloud 的带领，寻找那些未签约的、但是拥有高质量音乐作品的音乐人和他们的作品，从而提升音乐发烧用户的音乐体验。"Beats One"，全新的 24 小时不间断的在线电台希望吸引其原本就很庞大的粉丝群，成为音乐界的另一个"苹果音乐"。

与此同时，Hulu.com 改变了人们看电视的方式，网飞改变了人们看电影的方式，Kindle Unlimited 改变了人们借阅图书的方式，谷歌改变了人们获取新闻的方式。

虚拟医疗

远程医疗（或称虚拟医疗）、智能手机软件和互联网已经改变了人们获取医疗服务、诊断和咨询的方式。如果你的智能手机能够帮你在舒适私密的家中寻医问诊，又何必要去医生那里排队呢？

感到胸痛？试一试 Heartcheck Pen 吧。心脏病患者可以使用这个手持设备检测自己的心率并将数据发送给医生，由专业的医生进行分析。医生通过对数据的分析来判断患者的状况。Heartcheck Pen 是第一个实现数据实时传递到医生办公室的远程医疗设备,不需要去医院就能够有效地监控患者的心脏健康水平。

远程医疗已经开始使用高科技摄像机和诊疗设备来连接在郊区的患者,或者让正在国内或世界各地旅游的患者能够远程连接他们的医生。

智能手机和一些其他的应用软件以及设备已经能够做到准确诊疗部分健康问题,如甲状腺功能紊乱或者疟疾等。牙买加的医生已经开始使用嵌入智能手机的传感器来监测运动型哮喘的早期症状,减少穿戴在身上的外部监测传感器。监测结果可以发送到另一部穿戴在监护者或医生身上的移动设备上。

Neuroscreen 是一款智能手机应用,能够监测 HIV 感染者的神经认知损害程度(NCI)。NCI 对患者有很严重的医疗和功能后果,但是很难监测,而且一些症状很难准确诊断。现在使用这个软件,患者可以实时监测自己的健康状况,并把结果发送给医生以准确进行 NCI 检测。

Scanadu 是一个比曲棍球还小的设备,除了心率、体温外,还能监测心电图,测量血氧水平以及尿液中的 12 个指标来帮用户有效监测自己的健康情况。医生或技术人员只需要分析数据来开处方。比起《星际迷航》里的三录仪,Scanadu 等设备的出现只是数字化医疗革命的一个开始。

医学领域另一个具有爆发式发展潜力的领域就是针对癌症的医

疗机械人。针对人类白血病的纳米医疗机器人试验已经在进行中。这些机器人实际上是由 DNA 制成的，并通过普通的注射方式注入患者血液中。机器人传递微量但足以杀死癌细胞的药物，修复脊髓组织，或者在其他测试能够发现之前，警告医生患者体内出现变异细胞。

那么医疗行业又会对基于互联网的医疗持怎样的态度呢？传统的家庭检测工具和设备需要现场采集样本数据，并以蜗牛一般的速度进行邮递。如今这种检测方式将发生重大变化，取而代之的是更为快捷便利的方式。对于需要进行药物检测的公司，在线检测更快捷。而提供移动端测试的公司将会占据更大的市场份额并提供更多的服务。距离诊所 2~3 个小时车程的乡村居民，可以通过智能手机，获得更好、更快和更经济的医疗服务。

非银行机构

可能你还没有注意到，相比于 2008 年，2015 年银行业减少了 5 493 家分支机构。即使是最著名的实体银行，如摩根大通也宣布了紧缩计划。与美国相比，欧洲银行业的颓势更加严重。

更多顾客变得更加依赖自动取款机、智能手机和网上银行，而不是去实体银行的柜台接受服务。如果银行家们决定模仿苹果公司，只在每个地区开少量的旗舰店，使用新技术来支持放贷、按揭、转账业务的办理，在网上回答客户的投资咨询问题，你的公司又会受到哪些影响呢？

从像 Square 和 PayPal 这样以商业为导向的移动支付公司，到像谷歌支付和苹果支付这样的科技巨头对于支付业务的青睐，越来越多的公司愿意提供转账服务从而彻底排除实体银行的影响。在 2008 年的金融危机中，华尔街那些大而不倒的银行不得不面对无处不在的顾客抱怨。银行业的巨头如花旗银行和美国银行能够预料到顾客的反应，但让它们没有预料到的是移动支付的快速兴起。

移动支付原本只是去实体银行完成支付业务的替代选项，而现在已经成为颠覆整个行业的趋势。如今家喻户晓的苹果公司和谷歌公司都开始通过快捷简便的支付途径与消费者建立直接的关系，还有什么能够保持美国民众对于实体银行的热爱呢？

像 PayPal 这样的公司取代了太多传统银行的功能。当你把钱存入这些平台所提供的账户时，这些钱就可以留在账户中，或者提现，但是决不会再被存入银行了。

然而，被取代的不仅仅是柜台账户，借贷业务也难以避免。像 Prosper 这样的在线服务能够向客户提供借贷业务，而完全不需要从在线支付工具中提款。

随着人们对于银行信心的极速下降，以及越来越多的年轻群体更愿意将钱放在那些没有庞大贵金属储备的公司，华尔街上的公司受到威胁就不足为奇了。

近期西班牙对外银行（BBVA）收购了银行业的创业公司 Simple，表明实体银行和金融机构正在试图将金融科技融入传统业务中。

对于这一行业的公司来说最重要的应该是如何加强消费者对其品牌的数字化体验。顾客对于银行分支机构的依赖程度越来越低,所以你的公司也不得不面对这一严峻的挑战。

如果银行都无法保证用户在柜台得到的服务像顾客在家中电脑前所能得到的服务那样简单容易,恐怕银行未来的日子也会开始变得不好过了。

无人驾驶与互联交通

根据美国高速交通协会的说法,94%的交通事故的直接原因是人们的错误操作,对于无人驾驶汽车的呼声也随之越来越高。导致人们错误操作的主要原因是酒后驾驶、超速和注意力不集中,而这些对于无人驾驶来说都不是问题。当然想要普及无人驾驶还有很长的路要走,但是无人驾驶确实值得我们肯定。谷歌公司的无人驾驶汽车在过去的六年里已经行驶了180万英里的路程,只发生了12起轻微事故,没有一起导致人员受伤,而且最关键的是这些事故都不是无人驾驶车辆的过错。

埃隆·马斯克,特斯拉汽车公司的首席执行官表示,2020年左右该公司将会率先推出功能强大的无人驾驶汽车。特斯拉公司表示,这些无人驾驶汽车将会比人类驾驶安全十倍。如果这个预计被证明准确,那么我们每天出行的方式都会被改变。特斯拉无疑也将走在这场改革的前沿。

尽管马斯克说得很轻松，实际上无人驾驶汽车并没有什么魔力，实现起来也不是那么简单。即使所有必备的关键技术都已经被掌握并可以投入使用，想要投入实际的商用也得花费相当长的时间来克服不可避免的法律障碍。想要让无人驾驶得以实现，联邦政府这一关是必须要过的。现在竞争已经很激烈了，如果想保留在无人驾驶这一领域的竞争地位，汽车公司需要在技术创新和顶尖人才培养这两方面都下大功夫，否则只会被特斯拉甩得越来越远。

无人驾驶不会局限于个人使用，对于像公交车、出租车和火车同样适用。无人驾驶已经在传统领域实现了效益，例如澳大利亚的采矿公司在公司内部使用无人驾驶卡车转运煤炭。

美国有 350 万名卡车司机，他们要为平均每年 5 000 起交通死亡负责，这些事故几乎百分之百都会判驾驶员过错。一旦无人驾驶相关的法律问题得以解决，相信这一状况会有很大改观。

传统的汽车企业似乎还没有开始向无人驾驶领域发展，一旦无人驾驶得到认可，它们将会处于十分被动的境地。无人驾驶同样会带来与驾驶相关的诸多行业的转变，比如停车场、汽车保险、汽配行业等。

无人机

无人飞行设备，包括大到军事侦察使用的长距离飞行器，小到建筑检查员用来检测房屋质量和潜在危险的有线操作飞行器，或者是保险理赔员、消防员、警察等使用的可以更安全地从空中观察判断损失的飞行器。

直到最近，影响私人无人机发展的还是相关法规和无人机的价格。但是法规和价格是在变化的。有预言称在一年内，美国的私人无人机拥有者会超过 100 万人。随之而来的是多种多样的应用与干扰者。

个人无人机的影响在房地产评估、摄影、损失评估以及农业市场同样开始凸显。无人机能够用于播撒杀虫剂、追踪逃犯、寻找失踪人口、加强执法等。亚马逊正在实验使用无人机来配送包裹，大城市中的自行车信使服务也会受到很大的冲击。毒贩甚至也在边境使用无人机来进行交易，而边境巡警同样使用无人机来监控非法交易。

虚拟现实

当脸书花费 20 亿美元收购开发出功能强大且新颖的 Rift 头盔的 Oculus VR 公司时，它们用实际行动预示了未来数字产业的走向。Rift 能够刺激大脑的视觉皮层，使用户沉浸在如《黑客帝国》中的超现实虚拟体验。使用类似 Rift 的完全沉浸式眼镜，或者微软的 HoloLens，用户可以完全沉浸在 3D 虚拟环境中。集成现实（integral reality，IR）则利用现实世界的物质编织出数字化的奇迹，嵌入可见和不可见的数字化模块，但绝不是单纯地将用户与现实世界分离,而是帮助我们与环境达到更深层次的融合与体验。

虚拟现实最有趣的挑战在于如何为用户提供更加自然的与虚拟世界交互的方式。消费者需要控制物体,并完成定位、触碰、抓取、改变选项、选择和购买等交互任务。为此,企业需要思考如何利用用户动作、手势、眼部微动和语音识别等将会在实际交互过程中起到重要作用的活动,为用户提供自然的交互。

全新的 VR/AR 平台为企业实现全新的交互范式、内容展示、商业活动、娱乐、教育、生产力、顾客服务、社交和合作服务。这种令人激动的沉浸式平台也使企业可以不再受限于玻璃屏幕,而在用户面前提供服务,来增强用户的实际体验。企业也可以通过提出全新的交互方式来触发用户的情感关联,使用户对品牌具有更好的情感依赖。

另一个虚拟现实的机会是虚拟购物。可以想象在不久的将来,消费者就能够漫步在虚拟商店中,拿起中意的商品仔细打量,而这一切全在舒适的家中就可以实现,不用考虑排队等待结账。你还可以在漫步的同时,通过按键召唤虚拟导购来辅助购物。

生物识别

据估计每一个互联网用户有 17 个私人密码和 8.5 个工作密码。如果这还不算什么,当你打电话给你的银行、医生、律师甚至是网络提供商时,你不得不花费 1~3 分钟的时间用你的个人信息和密码来验证自己的身份。这还不是最糟糕的,如果你是那些第一轮身份验证失败的75%访问者中的一员,你还得花费更长时间和更多精力。

目前大约有85%的用户对于个人用户密码感到沮丧和困惑,认为用户体验不佳。几乎每个小时就有一起因为用户认证而导致的失败服务。一个简单的认证使客户体验变成了令人烦恼、困扰的经历。

声音识别与心跳描述器是新的技术。声音识别涉及每个人独特的声音与语言特点的识别。心跳描述则涉及每个人的心跳规律与身体动作。这种动作会产生唯一的数据,也可以作为生物识别的标准,当成验证身份的唯一密码。

心跳识别和声音识别都要比指纹识别表现更加优异,准确率达到超过90%。通过与企业积极的交互,顾客也能够产生更好的用户体验。声音识别更像是自助服务而不是需要通过在线客服获取帮助。我们可以预见,未来能够通过使用生物识别技术来实现选民登记、ATM或柜台取款、上班签到、机场登机等安全识别。Gartner公司的分析指出:"到2017年,将有30%的一站式反诈骗解决方案将生物识别作为标准之一,而今天只有不到1%。"Gartner的分析师英杰华·利坦在《在线欺诈市场指南中》表示,这是显而易见的未来的趋势。

无纸化和电子现金

使用纸张不仅浪费资源,而且效率低下。你不能在纸质资料上实现像数字化一样的关键字搜索。对于纸质资料，你需要保存、维护和整理。你也不能把纸质资料和上面的信息通过电子邮件发送，除非将其扫描到你的电脑。即使你扫描了文件，源文档你也不得不花费时间粉碎或者重新归档。传递纸质文件耗时又费力，还需要准确的收件人地址，及时送达几乎不可能。很难理解为什么还有那么多的银行、机构、事业单位和公司执着于传递纸质文件。

传统想法认为，人们抵制无纸化办公，是因为使用纸张办公是众多单位从一开始就采用的默认方式。有专家称，无纸化办公没有完全推开的一个主要原因是没有一个绝对安全的技术来保证电子签名和时间戳的真实有效。直到最近才出现无钥签名技术，能够为文件添加时间戳并验证其真实性，这项技术被应用在金融、法律、医药等文件的时间确定与真实性检验中。

能够改变我们现有货币系统的，不是法律，而更可能是可穿戴设备、生物识别技术和智能手机技术的应用使我们的手机变成电子钱包，从而加速现金使用的终止。

市场研究机构 Acuity Market Intelligence（AMI）的报告称，到 2020 年，移动生物识别技术，不论是否具有移动设备或可穿戴设备终端，都将会产生 346 亿美元的年收入，通过提供更安全的替代支付途径和移动支付交易，显著地影响现有的支付体系。生物识别技术将会在安全性和降低交易成本两方面大获成功。AMI 预估在 2020 年，65% 的移动交易将会使用生物识别技术来确保安全。这意味着 1 260 亿件生物识别交易，以及随之而来的 1.1 万亿美元的移动商务交易额。

　　银行也开始注意到了生物识别技术。基于生物识别的实时风险分析同样也会改变支付流程。允许用户使用移动应用直接从银行和移动端账户撤回资金，只要消费者要求，商家就能够根据消费者信用来直接发放消费信贷。这会严重冲击传统支付方式，包括现有的借记卡和信用卡制度。市场咨询机构 Acuity 预测生物识别交易，包括支付交易和非支付交易，将会以每年 8 亿美元的规模增长，到 2020 年将会实现 35% 的交易通过手机内嵌的生物识别技术进行安全验证，而另外的 65% 则通过手机应用来实现生物识别认证。

Wi-Fi 和无线充电

　　今天我们所使用的大多数电子设备，像笔记本电脑、智能手机、可穿戴设备、无人机等，几乎全是以电池为能源的。无论设备多么精密复杂，当电池电量耗光时，它们就无法工作了。这是物理定律。不是我们缺乏在电池方面的创新，而是创新的步伐很难满足复杂应用和智能手机强大的拍照功能所耗费的大量电力。现在物理电池的发展受限于距离和技术，但是无线充电技术可以彻底改变这一现状。尼古拉·特斯拉是最早提出无线电力传输思想的科学家，很遗憾，他没能看到这一技术的实现。不过，我们这一代人很可能成为见证这一技术的幸运儿。

后记 数字化趋势加速推进数字化变革的实例

著名的电子设备制造商飞利浦，已经展示了利用容器内部的线圈进行加工的无电线食品加工设备。而其他公司，包括星巴克和麦当劳，也同样利用无线技术为顾客提供充电服务。提供手机充电将会极大造福消费者，不过，无线技术的快速发展将会给工业界带来难以想象的巨变。

一个工业产品级的无线充电设备能够取代大量的有线传感器和监视器设备，特别是在对电流敏感的石油和天然气提炼工厂，这种技术快速兴起。

在商业领域使用无线驱动设备可以通过减少产生电火花的概率来降低发生火灾和爆炸的风险。车间里的电线越少相对来说也就越安全。类似于 Wi-Fi 这样能够穿透墙壁，无处不在的无线传输，无线充电技术会沉重打击现有的电池工业并对线缆行业造成潜在的威胁。

无线充电技术的发展使得移动设备更加可靠，Wi-Fi 的快速增长是在这一趋势下的最好补充。智能手机不会退出历史舞台，但是信号中继站很可能会。一系列无线技术的兴起将会在未来的几年强力冲击现有的移动服务。移动设备将会改用 Wi-Fi 热点进行电话通信、短消息传递和数据传输。而蜂窝网络则被降级为一个备用方式。不久的将来，一旦 5G 网络实现和 Wi-Fi 的有机结合，那么人们的关注点必然会更加倾向于 Wi-Fi 而不是蜂窝网络。

机器人化

机器人终于走到了颠覆人类传统的边缘。从生产车间到军队，再到办公室和家里，机器人产业的快速发展会使我们在下一个十年里体验到那些只在科幻小说里出现的场景。如果你还没有真正在现实中与新一代人型机器人进行过交互，比如日本设计生产的Honda，那么你被它们震撼到一点也不奇怪，它们能够走路、说话、观察，并与人进行交互。

工业机器人很多年前就已经在工厂里替代工人进行劳动了，近年来更是在世界范围内发展到了极致。它们正变得更加高效，并被全球越来越多的生产商和分销商所采纳。它们能够提供更加复杂的功能，像分装打包早已不在话下，而最近手工缝纫也开始被机器人取代。

在此之前，因为制衣行业对于手工的要求较为严苛，将衣料准确地缝纫拼接在一起是一个较为复杂的过程，需要专业人员的准确操作才能实现。因而要想让机器能够准确把握好尺寸并对齐调整衣料，是相当困难的。

目前的缝纫机器人已经开始彻底改变了生产服装的过程。导致很多人失业以及裁缝铺关门。耐克已经开始使用机器来对其跑鞋前端的复合纤维部分进行缝合加工。至于加工牛仔裤、短裤、衬衫和裙子也只是时间问题。

除了对于体力劳动、运输、制造、零售的替代外，机器人甚至还能自助完成服装行业中设计和选料。当机器能够完成复杂精美服装的设计时，势必会将高档时尚引入寻常百姓家。新面料以及面料组合的采用，将会大大冲击原有的时尚行业。

目前的智能机器人可以作为人类工作的助手，在制造工厂中，在人类的指导下工作和训练。它们通过学习人类同事的动作来完成工作任务。

机器人化很可能就是制造业在数字化转型中最终的表现。随着社会对机器人的不断接受，它们也会促进我们在工作生活中进行数字化转型。数字科技对于社会、经济和环境的转型会有多快多深入的影响还是未知的，但是在机器人化、大数据、人工智能和其他互联网创新的融合与累积的背景下，未来一切皆有可能。

技术依旧会不断发展，与此同时人们的需求也会进一步发展。我们总是离不开衣食住行的，并且会在其基础上追求娱乐、教育和彼此沟通。高速发展的技术会使一切更加便捷、简单，并且在花费最少的同时带来绝佳的消费体验。要注意的是，工业革命起源于对于简单纺织品更快、更好的生产上，直到今天这个需求仍然存在。数字化转变和工业革命的根本核心都是以人为本，而不是技术。当然我们需要依靠技术来实现这个过程，但归根结底还是为了提高我们的能力，从而为消费者提供更好的消费体验。你准备好了吗？

Authorized translation from the English language edition, entitled Revive: How to Transform Traditional Businesses into Digital Leaders, 1e, 9780134306438 by Jason Albanese and Brian Manning, published by Pearson Education, Inc., Copyright © 2016 by Jason Albanese and Brian Manning.

All rights reserved. No part of this book may be reproduced or transmitted in any form or by any means, electronic or mechanical, including photocopying, recording or by any information storage retrieval system, without permission from Pearson Education, Inc.

CHINESE SIMPLIFIED language edition published by PEARSON EDUCATION ASIA LTD., and CHINA RENMIN UNIVERSITY PRESS Copyright © 2017.

本书中文简体字版由培生教育出版公司授权中国人民大学出版社合作出版，未经出版者书面许可，不得以任何形式复制或抄袭本书的任何部分。

本书封面贴有 Pearson Education（培生教育出版集团）激光防伪标签。无标签者不得销售。

图书在版编目（CIP）数据

商业新模式：企业数字化转型之路/贾森·艾博年等著；邵真译. —北京：中国人民大学出版社，2017.9
ISBN 978-7-300-24668-0

Ⅰ.①商… Ⅱ.①贾… ②邵… Ⅲ.①企业管理-数字化-研究 Ⅳ.①F272.7

中国版本图书馆 CIP 数据核字（2017）第 161245 号

商业新模式
——企业数字化转型之路
贾森·艾博年
布莱恩·曼宁　　著
邵　真　译
Shangye Xinmoshi

出版发行	中国人民大学出版社	
社　　址	北京中关村大街 31 号	邮政编码　100080
电　　话	010-62511242（总编室）	010-62511770（质管部）
	010-82501766（邮购部）	010-62514148（门市部）
	010-62515195（发行公司）	010-62515275（盗版举报）
网　　址	http://www.crup.com.cn	
	http://www.ttrnet.com（人大教研网）	
经　　销	新华书店	
印　　刷	天津中印联印务有限公司	
规　　格	170 mm×230 mm　16 开本	版　次　2017 年 9 月第 1 版
印　　张	12.5 插页 1	印　次　2020 年 11 月第 6 次印刷
字　　数	123 000	定　价　39.00 元

版权所有　侵权必究　印装差错　负责调换